ALONZO JONES & ELLET WAGGONER

Lecciones sobre la Fe

"El justo vivirá por la fe"
Romanos 1:17

Lecciones sobre la fe

por

Alonzo Jones

y

Ellet Waggoner

© 2019

ISBN: 978-0-9945585-2-7

Contenido

1. Viviendo por la fe 7
2. Lecciones sobre la fe 14
3. También por nuestro bien 48
4. Creación o evolución, ¿Cuál de las dos? 52
5. Fe que salva 71
6. Cristo, el fin de la ley 75
7. La vida inconquistable 78
8. Fe 82
9. Gracia sin medida y sin precio 87
10. ¿Gracia o pecado? 90
11. No recibáis en vano la gracia de Dios 94
12. Carne de pecado 99
13. Un formalismo muerto (I) 102
14. Un formalismo muerto (II) 106
15. Ministros de Dios 109
16. Guardados por su Palabra 113
17. El poder de la Palabra (I) 116
18. El poder de la Palabra (II) 120
19. Viviendo por la Palabra 123
20. Gálatas 1:3-5 128
21. Gálatas 2:20 131
22. Gálatas 3:13-14 134
23. Gálatas 5:3 138
24. Gálatas 5:16-18 143
25. Gálatas 5:22-26 148
26. La perfección cristiana 154

Capítulo 1

Viviendo por la fe

Ellet Waggoner

"El justo vivirá por la fe"
Romanos 1:17

ESA declaración es el resumen de lo que el apóstol tiene que decir acerca del evangelio. El evangelio es poder de Dios para salvación, pero solamente "a todo aquel que cree". En éste, la justicia de Dios es revelada. La justicia de Dios es su ley perfecta, que no es otra cosa que la transcripción de su propia voluntad justa. Toda injusticia o transgresión de la ley, es pecado. El Evangelio es el remedio de Dios para el pecado; su trabajo, por lo tanto, debe ser poner a los hombres en armonía con la ley – para causar que el funcionamiento de la ley justa sea manifestado en sus vidas. Pero esto es enteramente una obra de fe, ya que la justicia de Dios es revelada "de fe en fe", fe al principio y fe al final, como está escrito: "el justo vivirá por la fe".

Esto es verdadero para toda época, desde la caída del hombre, y lo seguirá siendo hasta que los santos de Dios tengan escrito el nombre de Dios en sus frentes, y lo vean tal como Él es. El apóstol [Pablo] tomó la cita del profeta Habacuc (2:4). Si los profetas no lo hubiesen revelado, los primeros cristianos no podrían haberlo sabido, ya que disponían solamente del Antiguo Testamento. Decir que en los tiempos más antiguos los hombres sólo tenían una idea imperfecta de la fe en Cristo, equivale a decir que no había ningún hombre justo en aquellos tiempos. Pero Pablo retrocede hasta el mismo principio y cita un ejemplo de fe salvadora. Él dice: "Por la fe Abel ofreció a Dios mayor sacrificio que Caín, por la cual alcanzó testimonio de que era justo" (Hebreos 11:4). Dice asimismo de Noé, que fue por fe que construyó el arca en la que fue salva su casa; "y por esa fe condenó al mundo, y fue hecho heredero de la justicia que es por la fe" (Hebreos 11:7). Decimos que la fe de ellos estaba en Cristo, ya que era fe salvadora, y tenía que ser en el nombre de Jesús, "porque no hay otro nombre debajo del cielo, dado a los hombres, en que podamos ser salvos" (Hechos 4:12).

Demasiados procuran vivir la vida cristiana en la fuerza de la fe que ejercieron cuando comprendieron su necesidad de perdón por los pecados de su vida pasada. Saben que solamente Dios puede perdonar los pecados, y que lo hace mediante Cristo; pero suponen que habiendo iniciado ese proceso cierto día, deben ahora continuar la carrera con su propia fuerza. Sabemos que muchos albergan esa idea. Lo sabemos, primeramente, porque lo hemos oído de algunos, y, en segundo lugar, porque hay tales multitudes de profesos cristianos que revelan la obra de un poder no mayor que el suyo propio. Si alguna vez tienen algo que decir en las reuniones sociales, más allá de la repetida fórmula "quiero ser cristiano, a fin de poder ser salvo", no es otra cosa que su experiencia pasada, el gozo que experimentaron cuando creyeron por primera vez. Del gozo de vivir para el Señor, y de andar con Él por la fe, nada saben, y quien les habla de esto, lo hace en un lenguaje que les resulta extraño. Pero el apóstol presenta claramente este tema de la fe, como extendiéndose hasta el mismo reino de la gloria, en la concluyente ilustración que sigue:

"Por la fe Enoc fue traspuesto para no ver muerte, y no fue hallado, porque lo traspuso Dios. Y antes que fuese traspuesto, tuvo testimonio de haber agradado a Dios. Empero sin fe es imposible agradar a Dios; porque es menester que el que a Dios se allega, crea que le hay, y que es galardonador de los que le buscan" (Hebreos 11:5 y 6).

Obsérvese cuál es el argumento esgrimido para demostrar que es por la fe que Enoc fue transpuesto: Enoc fue transpuesto porque caminó con Dios, y tenía el testimonio de agradar a Dios; pero sin fe es imposible agradar a Dios. Eso basta para probar lo expuesto. Sin fe, ningún acto puede ser realizado que alcance la aprobación de Dios. Sin fe, las mejores obras que el hombre pueda hacer quedarán infinitamente lejos de la única norma válida, que es la de la perfecta justicia de Dios. Donde quiera que se encuentre la verdadera fe, es algo bueno, pero lo mejor de la fe en Dios para quitar la carga de los pecados pasados, no aprovechará a nadie, a menos que ésta continúe presente en medida siempre creciente, hasta el fin de su tiempo de prueba.

Hemos oído a muchos manifestar lo difícil que les resultaba obrar el bien; su vida cristiana era de lo más insatisfactorio para ellos, estando marcada solamente por el fracaso, y se sentían tentados a ceder al desánimo. No es sorprendente que se desanimen, ya que el fracaso continuo es capaz de desanimar a cualquiera. El soldado más valiente del mundo entero, acabaría desanimado si sufriese una derrota en cada batalla. No será difícil oír de esas personas lamentos por ver mermada la confianza en sí mismas. Pobres almas, ¡si solamente pudieran llegar a perder completamente la confianza en sí mismas, y la pusiesen enteramente en Aquel que es poderoso para salvar, tendrían otro testimonio que dar! Entonces se gloriarían "en Dios por el Señor nuestro Jesucristo" (Romanos 5:11).

Dice el apóstol, "Gozaos en el Señor siempre: otra vez os digo: Que os gocéis" (Filipenses 4:4). Aquel que no se goza en Dios, incluso al ser tentado y afligido, no está peleando la buena batalla de la fe. Él está luchando la triste batalla de la confianza en sí mismo, y de la derrota.

Todas las promesas de la felicidad definitiva son hechas a los vencedores. "Al que venciere", dice Jesús, "le daré que se siente conmigo en mi trono; así como yo he vencido, y me he sentado con mi Padre en su trono" (Apocalipsis 3:21). "El que venciere poseerá todas las cosas", dice el Señor (Apocalipsis 21:7). Un vencedor es alguien que gana victorias. La herencia no es la victoria, sino la recompensa por la victoria. La victoria es ahora. Las victorias a ganar son la victoria sobre la concupiscencia de la carne, la concupiscencia de los ojos y la soberbia de la vida (1ª Juan 2:16), victorias sobre el yo y las indulgencias egoístas. Aquel que lucha y ve huir al enemigo, puede gozarse; nadie puede quitarle ese gozo, ya que el gozo viene espontáneamente como resultado de ver al enemigo huir. Hay quienes sienten pánico ante la idea de tener que mantener una continua lucha contra el yo y los deseos mundanos. La razón es porque desconocen totalmente el gozo de la victoria; no han experimentado más que derrota. Pero el constante batallar no es algo penoso, cuando hay victoria continua. Aquel que cuenta sus batallas por victorias, desea encontrarse nuevamente en el campo de combate. Los soldados de Alejandro, que bajo su mando no conocieron jamás la derrota, estaban siempre impacientes por una nueva batalla. Cada victoria, incrementaba sus fuerzas, que nació solamente del valor, y hacía disminuir en correspondencia la de sus vencidos enemigos. Ahora, ¿cómo podemos ganar victorias continuas en nuestra contienda espiritual? Escuchemos al discípulo amado:

"Porque todo aquello que es nacido de Dios vence al mundo: y esta es la victoria que vence al mundo, nuestra fe" (1ª Juan 5:4).

Leamos nuevamente las palabras de Pablo:

"Con Cristo estoy juntamente crucificado, y ya no vivo yo, más vive Cristo en mí: y lo que ahora vivo en la carne, lo vivo en la fe del Hijo de Dios, el cual me amó, y se entregó a sí mismo por mí" (Gálatas 2:20).

Aquí tenemos el secreto de la fuerza. Es Cristo, el Hijo de Dios, a quien fue dada toda potestad en el cielo y en la tierra, el que realiza la obra. Si Él vive en el corazón para hacer la obra, ¿es jactancia decir que es posible ganar victorias continuamente? Sí, eso es gloriarse, pero es gloriarse en el Señor, lo que es perfectamente lícito.

Dijo el Salmista: "En Jehová se gloriará mi alma" (Salmos 34:2). Y Pablo dijo: "Mas lejos esté de mí gloriarme, sino en la cruz de nuestro Señor Jesucristo, por el cual el mundo me es crucificado a mí, y yo al mundo" (Gálatas 6:14).

Los soldados de Alejandro Magno tenían fama de invencibles. ¿Por qué? ¿Es porque poseían de forma natural más fortaleza o ánimo que todos sus enemigos? No, sino porque estaban bajo el mando de Alejandro. Su fuerza radicaba en su dirigente. Bajo otra dirección, habrían sufrido frecuentes derrotas. Cuando el ejército de la Unión se batía en retirada, presa del pánico, ante el enemigo, en Winchester, la presencia de Sheridan transformó la derrota en victoria. Sin él, los hombres eran una muchedumbre vacilante; con él a la cabeza, una armada invencible. Si hubieseis oído los comentarios de esos soldados victoriosos, tras la batalla, habríais escuchado alabanzas a su general, mezcladas con expresiones de gozo. Ellos eran fuertes porque su jefe lo era. Les inspiraba el mismo espíritu que lo animaba a él.

Pues bien, nuestro Capitán es Jehová de los ejércitos. Se ha enfrentado al principal enemigo, y estando en las peores condiciones, lo ha vencido. Quienes lo siguen, marchan invariablemente venciendo para vencer (Apocalipsis 6:2). Oh, sí aquellos que profesan seguirle quisieran poner su confianza en Él, entonces, por las repetidas victorias que obtendrían, rendirían la alabanza a Aquel que los llamó de las tinieblas a su luz admirable (1ª Pedro 2:9).

Juan dijo que el que es nacido de Dios vence al mundo, mediante la fe (1ª Juan 5:4). La fe se aferra al brazo de Dios, y su enorme poder hace la obra. ¿De qué manera puede obrar el poder de Dios en el hombre, realizando aquello que jamás podría hacer por sí mismo?, nadie lo puede explicar. Sería tan simple como explicar de qué modo puede Dios dar vida a los muertos. Dice Jesús: "El viento de donde quiere sopla, y oyes su sonido; mas ni sabes de donde viene, ni a donde va: así es todo aquel que es nacido del Espíritu" (Juan 3:8). Cómo obra el Espíritu en el hombre para subyugar sus pasiones y hacerlo victorioso sobre el orgullo, la envidia y el egoísmo, es algo que sólo conoce el Espíritu; a nosotros nos basta con saber que así es, y será en todo quien desee tal obra en sí mismo, por encima de cualquier otra cosa; y que confíe en Dios para su realización.

Nadie puede explicar el mecanismo por el que Pedro fue capaz de caminar sobre la mar, entre olas que se abalanzaban sobre él; pero sabemos que a la orden del Señor sucedió así. Mientras él mantuvo sus ojos fijos en el Maestro, el divino poder le habilitó para caminar con tanta facilidad como si estuviera pisando roca sólida; pero cuando comenzó a contemplar las olas, probablemente con un sentimiento de orgullo por lo que estaba haciendo, como si fuera él mismo quien lo hubiese logrado, de forma muy natural fue presa del miedo, y comenzó a hundirse. La fe le habilitó para caminar sobre las olas; el temor le hizo hundirse bajo ellas.

Dice el apóstol: "Por la fe cayeron los muros de Jericó con rodearlos siete días" (Hebreos 11:30).

¿Para qué se escribió tal cosa? Para nuestra enseñanza, "para que, por la paciencia, y por la consolación de las Escrituras, tengamos esperanza" (Romanos 15:4).

¿Qué significa? ¿Se nos llamará tal vez a luchar contra ejércitos armados, y a tomar ciudades fortificadas? No, "porque no tenemos lucha contra sangre y carne; sino contra principados, contra potestades, contra señores del mundo, gobernadores de estas tinieblas, contra malicias espirituales en los aires" (Efesios 6:12); pero las victorias que se han ganado por la fe en Dios, sobre enemigos visibles en la carne, fueron registradas para mostrarnos lo que la fe lograría en nuestro conflicto con los gobernadores de las tinieblas de este mundo. La gracia de Dios, en respuesta a la fe, es tan poderosa en estas batallas como lo fue en aquellas; ya que dice el apóstol:

"Pues, aunque andamos en la carne, no militamos según la carne, (porque las armas de nuestra milicia no son carnales, sino poderosas en Dios para la destrucción de fortalezas); Destruyendo consejos, y toda altura que se levanta contra la ciencia de Dios, y cautivando todo intento a la obediencia de Cristo" (2ª Corintios 10:3-5).

No fue solamente a enemigos físicos a quienes los valerosos héroes de antaño vencieron por la fe. De ellos leemos, que no solamente "ganaron reinos", sino también que "obraron justicia, alcanzaron promesas", y lo más animador y maravilloso de todo, "sacaron fuerza de la debilidad" (Hebreos 11:33 y 34). Su debilidad misma se les convirtió en fortaleza mediante la fe, ya que el poder de Cristo en la flaqueza se perfecciona (2ª Corintios 12:9).

¿Quién acusará entonces a los elegidos de Dios?, teniendo en cuenta que es Dios quien los justifica, y que somos hechura suya, creados en Cristo Jesús para buenas obras (Efesios 2:10). "¿Quién nos apartará del amor de Cristo? ¿Tribulación, angustia, persecución, hambre, desnudez, peligro o cuchillo?". "Antes, en todas estas cosas somos más que vencedores por medio de Aquél que nos amó" (Romanos 8:35,37).

Capítulo 2

Lecciones sobre la fe

Alonzo Jones

I

SIN fe es imposible agradar a Dios. La razón es que "todo lo que no es de fe, es pecado" (Romanos 14:23); y desde luego, el pecado no puede agradar a Dios.

Escuche a una persona recientemente describir la importancia de la fe, y creo que es valioso volverlo a repetir:

"El conocimiento de lo que la Escritura quiere decir, cuando nos urge a la necesidad de cultivar la fe, es más esencial que cualquier otro conocimiento que pueda ser adquirido".

Y por esta causa, a continuación, en estas columnas, daremos una lección de las escrituras sobre la fe: qué es, cómo surge, cómo ejercitarla, para que cada lector de esta revista pueda tener este conocimiento que "es más esencial que cualquier otro conocimiento que pueda ser adquirido".

II

A fin de comprender lo que la Escritura quiere decir, cuando nos urge a la necesidad de *cultivar* la fe, es esencial comprender, antes que nada, *qué es la fe*. De poco serviría urgir a una persona a la necesidad de cultivar la fe, si esta no tuviera previamente una noción inteligente de lo que constituye la fe. Y la triste realidad es que, a pesar de que el Señor lo haya establecido claramente en la Escritura, muchos miembros de iglesia desconocen lo que es la fe.

Es posible, no obstante, que conozcan la *definición* de la fe, pero sin conocer *lo que la fe realmente es*. Es decir, no han comprendido la idea contenida en la definición.

Es por eso que no nos detendremos en la definición, por ahora; lo que haremos es presentar y estudiar una ilustración de la fe. Un ejemplo que la haga sobresalir tan claramente, que todos puedan verla por sí misma.

La fe viene "por la palabra de Dios" (Romanos 10:17). Entonces, debemos buscar la fe en la Palabra de Dios.

Cierto día, un centurión vino a Jesús, y le dijo: "Señor, mi mozo yace en casa paralítico, gravemente atormentado. Y Jesús le dijo: Yo iré y le sanaré. Y respondió el centurión, y dijo: Señor, no soy digno de que entres debajo de mi techado; mas *solamente di la palabra*, y mi mozo *sanará*... Y oyendo Jesús, se maravilló, y dijo a los que le seguían: De cierto os digo, que ni aun en Israel he hallado tanta *fe*" (Mateo 8:6-10).

Ahí está lo que Jesús llamó *fe*. Cuando encontramos que es eso, hemos encontrado la fe. Entender que es eso, es entender que es la fe. No puede haber ninguna duda al respecto, ya que Jesús es "el Autor... de la fe" (Hebreos 12:2), y Él mismo dijo que lo manifestado por el centurión era "fe". Efectivamente, una gran fe.

Entonces, ¿dónde, en esto está la fe?

El centurión deseaba la realización de algo. Anhelaba que el Señor lo realizara. Pero cuando el Señor le dijo, "Yo iré" y lo haré, el centurión lo puso a prueba diciendo, "*solamente di la palabra*", y será *hecho*. Ahora, ¿por medio de qué esperó el centurión que la obra se realizara? *SOLAMENTE por la palabra.* ¿De qué dependió para la curación de su siervo? *SOLAMENTE de la palabra.*

Y el Señor Jesús afirma que eso es fe.

Entonces, mi hermano, mi hermana, ¿qué es la fe?

III

La fe es esperar que la palabra de Dios haga lo que dice, y depender de esa palabra para hacer lo que dice.

Puesto que eso es fe y como la fe viene por la palabra de Dios, es claro que la palabra de Dios, para inculcar fe, debe enseñar que la palabra tiene poder en ella misma para lograr lo que dice.

Y tal es precisamente la verdad del asunto: la palabra de Dios enseña precisamente eso y nada más, de modo que sea verdaderamente "la palabra fiel" (Tito 1:9), la palabra llena de fe. *(Nota del compilador: En griego, la palabra "Fiel" y "Fe", comparten la misma raíz.)*

La mayor parte del primer capítulo de la Biblia, es instrucción en la fe. En éste encontramos no menos de seis declaraciones que definitivamente inculcan la fe; si contamos además lo que implica, en esencia, el primer versículo, en total suman siete.

La inculcación de la fe consiste en la enseñanza de que es la palabra misma de Dios la que cumple lo dicho por esa palabra.

Leamos, pues, el primer versículo de la Biblia: "En el principio, creó Dios los cielos y la tierra". ¿Cómo los creó? "Por la palabra de Jehová fueron hechos los cielos, y todo el ejército de ellos por el espíritu de su boca". "Porque Él dijo, y fue hecho; Él mandó, y existió" (Salmos 33:6-9). Antes de que dijese, *nada* había: después que habló, "fue hecho". Solo al hablar la palabra *fue hecho*.

¿Qué fue lo que causó la *creación*? Solamente la palabra.

Las tinieblas cubrían toda la faz del abismo. Dios quiso que allí hubiese luz. Pero ¿cómo podría haber luz allí donde todo era tinieblas? Habló una vez más: "Y dijo Dios: Sea la luz: y fue la luz". ¿De dónde vino la luz? La palabra que fue pronunciada, ella misma produjo la luz. "El principio de tus palabras alumbra" (Salmos 119:130).

No había expansión, o firmamento. Dios quería que lo hubiera. ¿Cómo podría ser traído a la existencia? "Dijo Dios: Haya expansión… Y así fue". El mismo proceso con la tierra, el agua, la vegetación, las lumbreras y los animales. "Y dijo Dios: produzca…" "y fue así".

¿Qué causó que todo esto sucediera? Sólo la palabra. Habló y fue así. La palabra hablada, en sí misma, hizo que las cosas existieran.

Es, pues, "por la palabra de Jehová" que todas las cosas fueron creadas. Él dijo la palabra solamente, y fue así: la palabra hablada por sí misma produjo las cosas.

Tal ocurrió en la creación. Y así ocurrió también en la redención: curó a los enfermos, echó fuera demonios, calmó la tempestad, limpió a los leprosos, resucitó a los muertos, perdonó pecados, todo por su *palabra*. En todo ello, también "Él dijo, y fue hecho".

Y Él es el mismo ayer, y hoy, y por siempre. Él es siempre el Creador. Y hace siempre todas las cosas *por su palabra* solamente. Siempre puede hacer todas las cosas por su palabra; porque esa es la característica distintiva de la palabra de Dios, que contiene el poder divino por medio del cual ella misma cumple lo dicho.

Es por eso que la fe es *reconocer* que en la palabra de Dios hay poder, *esperar* que la palabra misma haga lo que ella dice, y *depender* de esa palabra para hacer lo que la palabra dice.

La enseñanza de la fe es la enseñanza de que tal es la naturaleza de la palabra de Dios. Enseñar a las personas a *ejercitar* fe, es enseñarles a esperar que la palabra de Dios haga lo que *ella* dice, y a depender de esa palabra para hacer lo que dice. *Cultivar* la fe es mediante la práctica al hacer crecer la confianza en el poder de la palabra misma de Dios para hacer lo que se dice en esa palabra, y depender de la palabra misma para lograr lo que ella dice.

Y "El conocimiento de lo que la Escritura quiere decir, cuando nos urge a la necesidad de cultivar la fe, es más esencial que cualquier otro conocimiento que pueda ser adquirido".

¿Estás cultivando la fe?

IV

La fe es esperar que la palabra misma de Dios haga lo que ella dice, y depender de esa misma palabra para hacer lo que ella dice.

Cuando eso es claramente comprendido, es perfectamente fácil ver que la fe es "la sustancia de las cosas que se esperan, la demostración de las cosas que no se ven" (Hebreos 11:1).

Puesto que la palabra de Dios está investida de poder creativo y de esta manera es capaz de producir *la misma sustancia de las cosas* que la palabra habla; y ya que la fe consiste en esperar que la palabra misma hará lo dicho por ella, y depender solamente de la palabra parta hacer lo que ella dice, resulta entonces evidente que la fe es la *sustancia* de las cosas que se esperan.

Es así como "por la fe, sabemos que el universo fue formado por la palabra de Dios, de manera que lo que se ve resultase de lo que no aparece" (Hebreos 11:3. *Biblia de Jerusalén*). Aquel que ejerce la fe, sabe que la palabra de Dios tiene poder creador, y, por lo tanto, es capaz de producir lo que ella dice. Por lo tanto, puede tener la *certeza* –no la *suposición*– de que el universo fue llamado a la existencia por la palabra de Dios.

Quien ejerce fe puede tener la *seguridad* de que, si bien antes de que Dios dijese la palabra, ninguna de las cosas que ahora contemplamos era visible, ninguna de las sustancias de las cuales las cosas están compuestas se veían, por la sencilla razón de que no existía; sin embargo, al ser *pronunciada la palabra*, el universo fue hecho. Simplemente porque la palabra misma causó su existencia.

Esa es la diferencia entre la palabra de Dios y la palabra del hombre. El hombre puede hablar; pero en sus palabras no hay poder para realizar lo expresado por ellas: para que se cumpla lo que ha dicho, el hombre debe hacer algo además de hablar la palabra – debe hacer efectiva su palabra.

No es así con la palabra de Dios.

Cuando Dios habla, lo dicho se *efectúa*. Y así es, simplemente porque Él lo ha hablado. La palabra realiza lo que a Dios le complació hablar. Además de la palabra hablada, no es necesario que el Señor, como el hombre, deba hacer algo extra. Él no necesita *hacer buena* su palabra, ya que ésta es buena. Dios habla "la palabra *solamente*", y lo hablado acontece.

Y así, está escrito: "Por lo cual nosotros también sin cesar damos gracias a Dios, porque cuando recibisteis la palabra de Dios que oísteis de nosotros, la recibisteis no como palabra de hombres, sino como es en verdad, la palabra de Dios, la cual también obra eficazmente en vosotros los que creéis" (1ª Tesalonicenses 2:13).

Es por eso también que "es imposible que Dios mienta" (Hebreos 6:18). No es solamente imposible para Dios mentir porque Él no lo quiera, sino también porque no puede. Él no puede mentir, porque simplemente no puede. Es imposible. Imposible porque cuando Él habla, hay poder creador en la palabra pronunciada, de manera que "solamente por la palabra" hace que lo dicho acontezca.

El hombre puede decir algo, y no ser cierto. Puede así mentir, ya que decir lo que no es, es mentir. Y el hombre puede mentir, puede hablar lo que no es, porque no hay poder en su palabra para propiciar que lo dicho ocurra. Con Dios esto es imposible: no puede mentir, ya que "habló, y fue hecho". Habla, y lo dicho ocurre.

Es también por eso que cuando la palabra de Dios se pronuncia para un cierto tiempo, como en las profecías que han de cumplirse cientos de años después, al llegar el momento señalado, esa palabra se cumple. Y sí no se cumplió antes, no era porque Dios tenía que *hacer* algo para cumplirla; sino porque la palabra fue pronunciada para ese tiempo determinado, y en ella está la energía creadora que hace que, en ese *momento*, la palabra obre lo predicho.

Es por eso que si los muchachos en el templo no hubiesen aclamado, "Hosanna al Hijo de David" (Mateo 21:15), lo habrían hecho inmediatamente las piedras; y por la misma razón, cuando se cumplió el tercer día, fue "imposible" que Cristo fuese retenido por la tumba.

¡Oh, la palabra de Dios es divina! Hay en ella energía creadora. Es "viva y eficaz" (Hebreos 4:12). La palabra de Dios se cumple por sí misma; y confiar en ella y depender de ella como tal, eso es ejercer fe.

"¿Tienes tú fe?" (Romanos 14:22).

V

"El conocimiento de lo que la Escritura quiere decir cuando nos urge a la necesidad de cultivar la fe, es más esencial que cualquier otro conocimiento que pueda ser adquirido".

Obsérvese que se trata del conocimiento de lo que la Escritura quiere decir en cuanto a "la necesidad de cultivar la fe". No es acerca de tener fe, sino de cultivarla.

Las Escrituras no dicen mucho sobre nuestra necesidad de tener fe, sin embargo, dicen muchísimo sobre nuestra necesidad de cultivarla.

La razón de ello es que a todo hombre se le ha dado fe desde el principio, y todo cuanto necesita hacer es cultivarla. Nadie puede tener más fe que la que ya se le ha dado, sin cultivar la que ya posee. Y no hay nada conocido por el hombre, que vaya a crecer tan rápido como la fe, cuando ésta es cultivada – ya que la fe crece en exceso.

La fe es esperar que la palabra misma de Dios va a lograr lo que ella dice; y depender sobre "la palabra solamente" para lograr lo que ella dice.

Cultivar una dependencia sobre la palabra de Dios, "solamente la palabra", de ella misma para su cumplimiento, eso es cultivar la fe.

La fe "es don de Dios" (Efesios 2:8); y en las Escrituras está claro que ha sido dada a todos: "la medida de fe que Dios repartió a cada uno" (Romanos 12:3).

Esa "medida de fe que Dios repartió a cada uno", es el capital con el que dota y pone en marcha, "a todo hombre que viene a este mundo"; y se espera que todos negocien con ese capital, que lo cultiven, para salvación de su alma.

No hay el más mínimo riesgo de que este capital se reduzca al utilizarlo: tan pronto se lo use completamente, se incrementará, "crecerá excesivamente". Y tan ciertamente a medida que crece; la justicia, la paz y el gozo en el Señor, están garantizados para salvación plena del alma.

Una vez más, la fe viene por la palabra de Dios. Por lo tanto, leemos que "cercana está la palabra, en tu boca y en tu corazón. Esta es la palabra de fe, la cual predicamos" (Romanos 10:8). De manera que la fe, la palabra de fe, está en la boca y corazón de todo hombre.

¿Cómo puede ser? Cuando la primera pareja pecó en el Edén, creyeron plenamente a Satanás; se entregaron totalmente a él; los tomó enteramente cautivos. Hubo entonces perfecta armonía y acuerdo entre ellos y Satanás. Pero Dios no dejó, así las cosas. Él rompió ese acuerdo, destruyó esa paz. Y lo hizo por su palabra, diciendo a Satanás: "Y enemistad pondré entre ti y la mujer, y entre tu simiente y la simiente suya" (Génesis 3:15).

"Es Dios solamente quien puede poner enemistad continuamente entre la simiente de la mujer y la de la serpiente. Después de la transgresión del hombre, su naturaleza se depravó. Entonces hubo paz entre Satanás y el hombre caído. Si Dios no hubiera intervenido, el hombre habría formado una alianza contra el cielo; y en lugar de luchar entre ellos, los hombres habrían luchado contra Dios. No hay enemistad natural entre los ángeles caídos y los hombres caídos. Ambos son malvados, y a través de su apostasía y maldad; allá donde exista, se aliarán siempre contra el bien. Los ángeles caídos y los hombres caídos se asocian en compañía. El astuto general de los ángeles caídos calculó que, si lograba inducir a los hombres, como había hecho con los ángeles, a unirse a él en rebelión, los hombres aliados vendrían a ser sus agentes de comunicación en rebelión contra el cielo. Tan pronto como uno se separa de Dios, no tiene poder de enemistad contra Satanás. La enemistad en la tierra entre Satanás y el hombre es puesta ahí en forma sobrenatural. A menos que el poder convertidor de Dios sea traído diariamente para sostener al corazón humano, no habrá inclinación hacia lo religioso, sino que los hombres elegirán ser cautivos de Satanás en lugar de ser hombres libres en Cristo. Digo que Dios pondrá enemistad. El hombre no puede ponerla. Cuando la voluntad es sometida en sujeción a la voluntad de Dios, debe ser a través del hombre inclinando su corazón y voluntad para estar del lado del Señor".

Esa enemistad contra Satanás, ese odio al mal que Dios pone en toda persona mediante su palabra, hace que toda alma clame por liberación; y tal liberación se encuentra solamente en Cristo Jesús (Romanos 7:14-25).

Así, esa palabra de Dios que siembra en cada alma enemistad contra Satanás, ese odio al mal que clama por liberación –que sólo se encuentra en Cristo Jesús–, ese es el don de la fe al hombre. Esa es la "medida de fe" que Dios ha dado a cada hombre.

Esa es "la palabra de fe" que está en la boca y en el corazón de cada persona en el mundo.

"Esta es la palabra de fe, la cual predicamos: Que, si confesares con tu boca al Señor Jesús, y creyeres en tu corazón que Dios le levantó de los muertos, serás salvo. Porque con el corazón se cree para justicia; mas con la boca se hace confesión para salvación" (Romanos 10:8-10).

Por lo tanto, no digas en tu corazón '¿Quién subirá al cielo, para traernos fe?' Ni '¿Quién descenderá al abismo?', o '¿Quién irá allá lejos, para encontrar fe, y traérnosla?' Porque "cercana está la palabra, en tu boca y en tu corazón. Esta es la palabra de fe, la cual predicamos" (Deuteronomio 30:11-14; Romanos 10:6-8).

Ejercita la fe que Dios te ha dado a ti, lo mismo que a cada otra persona en el mundo, ya que "saber cómo ejercitar la fe, eso es la ciencia del evangelio".

VI

La fe consiste en depender solamente de la palabra de Dios, y esperar que solamente esa palabra haga lo que ella dice.

Justificación por la fe es, por consiguiente, justificación por depender solamente de la palabra de Dios, y esperar que solamente esa palabra lo cumpla.

Justificación por la fe es justicia por la fe; ya que justificación significa ser declarado justo.

La fe viene por la palabra de Dios. La justificación por la fe, por lo tanto, es la justificación que viene por la palabra de Dios. La justicia por la fe es justicia que viene por la palabra de Dios.

La palabra de Dios lleva en sí misma el cumplimiento, ya que, al crear todas las cosas, "Él dijo, y fue hecho". El mismo que dijo "Sea la luz", y fue la luz, Aquel que estando en la tierra dijo "sólo… la palabra", y el enfermo sanó, los leprosos fueron limpios, y los muertos resucitados, y todo por su palabra, porque Él dijo y así fue; ese mismo declara la justicia de Dios en, y sobre todo aquel que cree.

Por cuanto todos pecaron, y están destituidos de la justicia de Dios, "siendo justificados gratuitamente por su gracia, por la redención que es en Cristo Jesús; al cual Dios ha propuesto… para manifestación de declarar su justicia, atento a haber pasado por alto, en su paciencia, los pecados pasados" (Romanos 3:24,25).

Al crear todas las cosas, en el principio, Dios estableció que Cristo declarase la palabra que debería hacer que todas las cosas existieran. Cristo habló la palabra solamente, y todas las cosas existieron. En la redención, que es una nueva creación, Dios estableció que Cristo declarase la palabra de justicia. Y cuando Cristo habla la palabra solamente, el hecho ocurre. Su palabra es la misma, tanto en la creación como en la redención.

"Por la fe entendemos que los mundos fueron formados por la palabra de Dios, de modo que lo que se ve, fue hecho de lo que no se veía" (Hebreos 11:3) En cierto momento no existían los mundos, ni tampoco el material del que éstos se componen. Dios estableció a Cristo para que declarase la palabra que crearía los mundos, así como el material del que estarían formados.

"Dijo, y fue hecho". Antes de que hablase, no había mundos; tras haber hablado, los mundos aparecieron. La palabra de Dios hablada por Cristo es capaz de traer a la existencia aquello que no existía antes de que su palabra fuese declarada, y de no ser por ésta, jamás habría existido.

Así ocurre exactamente en la vida del hombre, no hay justicia. En su vida no hay justicia a partir de la cual ésta pueda surgir en su vida. Pero Dios ha establecido a Cristo para declarar justicia en, y sobre el hombre. Cristo ha hablado solamente la palabra, y en el oscuro vacío de la vida del hombre se produce la justicia para todo aquel que la reciba. Allí donde, antes de ser recibida la palabra, no existía justicia ni nada a partir de lo cual pudiese ser producida, tras ser recibida la palabra, hay perfecta justicia, y la verdadera Fuente de la cual mana.

La palabra de Dios recibida por la fe –esto es, la palabra de Dios esperada para hacer lo que ella dice, y la dependencia de ella para hacer lo que ella dice–, produce justicia en el hombre y en la vida, allí donde no había ninguna; precisamente, como en la creación original, la palabra de Dios produjo los mundos allí donde no había ninguno previamente. Él ha hablado, y así ocurre para todo aquel que crea, es decir, para todo aquel que lo reciba. La palabra misma la producirá.

"Justificados [hechos justos] pues por la fe [esperando y dependiendo de la palabra de Dios solamente], tenemos paz para con Dios por medio de nuestro Señor Jesucristo" (Romanos 5:1).

¡Así es, bendito sea el Señor!

Y alimentarse de este glorioso hecho es cultivar la fe.

VII

"El conocimiento de lo que la Escritura quiere decir, cuando nos urge a la necesidad de cultivar la fe, es más esencial que cualquier otro conocimiento que pueda ser adquirido".

La fe es esperar que la palabra de Dios haga aquello que dicha palabra habla, y depender solamente de la palabra, para lograr lo dicho por ella.

Abraham es el padre de todos los que son de la fe. Su historia instruye, pues, sobre la fe – qué es, y qué hace por aquel que la ejerce.

¿Qué, pues, diremos que Abraham nuestro padre ha encontrado como perteneciente a la fe? ¿Qué dice la escritura? Cuando Abram tenía ya más de ochenta años, y Sarai, su esposa, era anciana, sin haber engendrado hijo alguno, Dios "sacóle fuera, y dijo: Mira ahora a los cielos, y cuenta las estrellas, si las puedes contar. Y le dijo: Así será tu simiente". "Y Abraham creyó a Jehová, y le fue contado por justicia" (Génesis 15:5 y 6). Abraham aceptó la palabra de Dios, y esperó de la palabra lo que ella prometía. Y en eso él fue correcto.

Sarai, sin embargo, no puso su esperanza solamente en la palabra de Dios. Recurrió a una estratagema de su propia invención para dar lugar a la simiente. Dijo a su esposo: "Ya ves que Jehová me ha hecho estéril: ruégote que entres a mi sierva; quizá tendré hijos de ella" (Génesis 16:2).

Abram, por un momento, se desvió de la perfecta integridad de la fe. En lugar de anclar rápidamente su esperanza y dependencia solamente en la palabra de Dios, "atendió al dicho de Sarai".

Como consecuencia, nació un niño, pero el arreglo resultó ser tan insatisfactorio para Sarai, que ella misma lo repudió. Y Dios mostró su repudio también al ignorar totalmente el hecho de que hubiese nacido un niño. Él cambió el nombre de Abram por el de Abraham, y continuó hablándole del pacto por el que sería padre de todas las naciones mediante la simiente prometida; haciendo así el pacto con Abraham y con su simiente.

Cambió asimismo el nombre de Sarai por el de Sara, puesto que vendría "a ser madre de naciones" mediante la simiente prometida. Abraham se apercibió de la total ignorancia, por parte de Dios, hacia aquel niño que había sido engendrado, y llamó la atención del Señor, diciendo: "¡Ojalá Ismael viva delante de ti!".

Pero Dios le respondió: "Ciertamente Sara tu esposa te dará a luz un hijo, y llamarás su nombre Isaac; y confirmaré mi pacto con él, y con su simiente después de él por pacto perpetuo. Y en cuanto a Ismael, también te he oído; he aquí que le bendeciré, y le haré fructificar y le multiplicaré mucho en gran manera; doce príncipes, engendrará, y haré de él una nación grande. Mas yo estableceré mi pacto con Isaac, al cual te parirá Sara por este tiempo el año siguiente" (Génesis 17:15-21).

Por todo esto, tanto a Abram como a Sarai se les enseñó que, en llevar a cabo la promesa, el cumplimiento de la palabra de Dios, nada respondería sino solamente depender de dicha palabra. Sarai aprendió que su estratagema no había aportado sino aflicción y perplejidad, y había retardado el cumplimiento de la promesa. Abram aprendió que dando oído a las palabras de Sarai, había despreciado la palabra de Dios; y que ahora debía abandonar totalmente ese plan, para volver de nuevo a la palabra de Dios solamente. Pero ahora Abraham tenía ya noventa y nueve años, y Sara ochenta y nueve. Eso hacía parecer más difícil que nunca, el cumplimiento de la palabra, y demandaba, una dependencia más profunda de la palabra de Dios, una fe más grande que antes.

Ahora era evidente que no había posibilidad de depender de ninguna otra cosa que no fuese simplemente la palabra de Dios: ellos se aferraron absolutamente a esa palabra, para el cumplimiento de lo que dicha palabra dijo. Excluyeron toda obra, plan, maquinación, designio o esfuerzo propio, y se aferraron de solamente la fe. Se aferraron a la palabra solamente, y dependieron absolutamente de la palabra para el cumplimiento de ella.

Y ahora que el camino estaba despejado para que obrase "la palabra solamente", la palabra efectivamente obró, y la "simiente" prometida nació. De ese modo, imposibilitada, "mediante la fe", con una total dependencia en solamente la palabra, – "Sara misma, siendo estéril, recibió fuerza para concebir simiente; y dio a luz aun fuera del tiempo de la edad, porque creyó ser fiel el que lo había prometido" (Hebreos 11:11).

"Por lo cual también, de uno, y éste ya casi muerto, salieron como las estrellas del cielo en multitud, y como la arena innumerable que está a la orilla del mar" (Hebreos 11:12). Y así se cumplió la palabra pronunciada a Abraham, cuando Dios "sacóle fuera, y dijo: Mira ahora a los cielos, y cuenta las estrellas, si las puedes contar. Y le dijo: Así será tu simiente".

Esta es una lección divina sobre la fe. Y esto es a lo que "la Escritura se refiere, cuando nos urge a la necesidad de cultivar la fe". Porque esto le fue imputado a Abraham por justicia, incluso la justicia de Dios, que es por la fe de Jesucristo.

"Y no solamente por él fue escrito que le haya sido imputado; sino también por nosotros, a quienes será imputado, esto es, a los que creemos en el que levantó de los muertos a Jesús Señor nuestro, el cual fue entregado por nuestros delitos, y resucitado para nuestra justificación" (Romanos 4:23-25). "Así también los de la fe, son bendecidos con el creyente Abraham" (Gálatas 3:9).

Sí, todos quienes repudian las obras, planes, maquinaciones y esfuerzos propios, que dependen en absoluta impotencia de solamente la palabra de Dios para lograr lo que esa palabra dice; los tales son de fe, y son bendecidos con el creyente Abraham, con la justicia de Dios.

¡Oh, "entender cómo ejercitar la fe, eso es la ciencia del evangelio"! Y la ciencia del evangelio es la ciencia de las ciencias. ¿Quién dejará de ejercer toda facultad para comprenderla?

VIII

Cuando Abraham y Sara renunciaron a todo su esquema de incredulidad, que había dado como fruto a Ismael, y se mantuvieron por la sola fe –dependiendo únicamente de la palabra de Dios–, nació Isaac, el auténtico hijo de la promesa divina.

Dando oído a la voz de Sarai (Génesis 16:1), Abram se había desviado de la línea de estricta integridad a la palabra de Dios, del rigor de la auténtica fe; y ahora que se había regresado a la palabra solamente, a la fe verdadera, debía ser probado antes de que pudiese cabalmente decirse de él que su fe le fue contada por justicia.

Había creído solamente en la palabra de Dios, en contra de lo que Ismael representaba, y había obtenido a Isaac, el auténtico hijo de la promesa de Dios. Y ahora, tras haberlo obtenido, queda por ver si retendría la confianza en la sola palabra de Dios, incluso en contra del mismo Isaac.

Es así como Dios dijo a Abram, "Toma ahora tu hijo, tu único, Isaac, a quien amas, y vete a tierra de Moriah, y ofrécelo allí en holocausto sobre uno de los montes que yo te diré".

Abraham había recibido a Isaac de parte de Dios al confiar solo en la palabra divina. Sólo Isaac fue la simiente prometida por la palabra del Señor. Después del nacimiento de Isaac, Dios había confirmado su palabra declarando, "en Isaac te será llamada simiente" (Génesis 21:12). Y ahora, la palabra de Dios le dice: toma a tu hijo, a tu único hijo Isaac, y ofrécelo como una ofrenda ardiente. Dios había declarado a Abram: Tu simiente será como las estrellas del cielo en multitud; "en tu simiente serán benditas todas las gentes de la tierra"; "en Isaac te será llamada simiente"; y ahora, ¡ofrece a Isaac como una ofrenda ardiente!

Pero si Isaac era ofrecido como ofrenda ardiente, si era quemado, ¿qué sería de la promesa de que todas las naciones serían benditas en él? ¿Qué sucedería con la promesa de que su simiente sería como las estrellas del cielo en multitud? Y, sin embargo, la palabra era firme: "Ofrece a Isaac como ofrenda ardiente". Abraham había confiado sin reservas en la sola palabra de Dios, en contra de Ismael; pero esto era más que confiar en la palabra de Dios, en contra de Isaac: ¡era confiar en la palabra de Dios, en contra de la palabra de Dios!

Y Abraham lo hizo, esperando contra la esperanza. Dios había dicho: "Tu simiente será como las estrellas del cielo; en Isaac te será llamada simiente; ofrece a Isaac como una ofrenda ardiente". Abraham no insistió en que Dios debía 'armonizar esos pasajes'. Para él era suficiente saber que todas aquellas declaraciones eran palabra de Dios. Sabiendo eso, confiaría en esa palabra, la seguiría, y dejaría que el Señor 'armonizase esos pasajes' o "explicará estos textos" si tal cosa fuese necesaria.

Abram se dijo: –Dios ha dicho, ofrece a Isaac como ofrenda ardiente. Así lo haré. Dios ha dicho, "en Isaac te será llamada simiente"; y, tu simiente será tan numerosa como las estrellas del cielo. Una vez interferí en la promesa, y la obstaculicé, hasta que repudié todo lo que había hecho, y me volví a la sola palabra. Entonces, de forma milagrosa, Dios me dio a Isaac, la simiente prometida. Ahora Dios me dice, ofrece a Isaac, la simiente prometida, en ofrenda ardiente. Lo haré así: Dios me lo dio al principio mediante un milagro, y mediante un milagro lo puede restaurar. No obstante, cuando lo haya ofrecido como una ofrenda ardiente, estará muerto; el único milagro que podrá entonces restaurarlo será el que lo devuelva de entre los muertos. Pero Dios es poderoso para hacer aun eso, y lo hará; ya que su palabra ha dicho que 'tu simiente será como las estrellas en multitud, y en Isaac te será llamada simiente'. Incluso levantar a Isaac de entre los muertos no será para Dios más difícil que lo que ya ha hecho; ya que, por lo que respecta a la fertilidad, tanto mi cuerpo como el de Sara estaban muertos, y, no obstante, Dios engendró a Isaac a partir de nosotros. Él puede resucitar a Isaac de los muertos, y lo hará. ¡Bendito sea el Señor!

Estaba decidido. Se levantó y tomó a sus siervos y a Isaac, y caminó por tres días, y "llegaron al lugar que Dios le había dicho", y cuando "al tercer día alzó Abraham sus ojos, y vio el lugar de lejos, entonces dijo Abraham a sus mozos: Esperaos aquí con el asno, y yo y el muchacho iremos hasta allí, y adoraremos, y volveremos a vosotros" (Génesis 22:4 y 5). ¿Quién iría? "Yo y el muchacho iremos... y volveremos a vosotros". Abraham confiaba en que Isaac regresaría con él tan ciertamente como que iba a ir.

Abraham esperaba ofrecer a Isaac en holocausto, y luego esperaba verlo resucitar de las cenizas, y regresar con él. La razón es que la palabra de Dios había dicho: en Isaac te será llamada simiente, y, tu simiente será como las estrellas del cielo en multitud. Y Abraham confiaría precisamente en esa palabra, en que jamás podría fallar (Hebreos 11:17-19).

ESO ES FE. Y así "fue cumplida la Escritura que dice: Abraham creyó a Dios, y le fue imputado a justicia" (Santiago 2:23).

Pero "no solamente por él fue escrito que le haya sido imputado; sino también por nosotros, a quienes será imputado, esto es, a los que creemos en el que levantó de los muertos a Jesús Señor nuestro, el cual fue entregado por nuestros delitos, y resucitado para nuestra justificación" (Romanos 4:23-25).

Confiar solamente en la palabra de Dios y depender solamente de ella, incluso "en contra" de la palabra de Dios, esto es FE. Esta es la fe que trae la justicia de Dios.

En eso consiste ejercitar la fe. Eso es "lo que la Escritura quiere decir, cuando nos urge a la necesidad de cultivar la fe".

Y "saber cómo ejercitar la fe, eso es la ciencia del evangelio".

Y la ciencia del evangelio es la ciencia de las ciencias.

IX

"Al que no obra, pero cree en aquél que justifica al impío, la fe le es contada por justicia" (Romanos 4:5).

Esa es la única forma en la que cualquiera en este mundo pueda ser hecho justo: primeramente, admitir que es impío; después creer que Dios justifica, declarar justo, al impío, y que él llega ser justo con la misma justicia de Dios.

En este mundo todos somos impíos. "Impíos" significa lo contrario a "semejantes a Dios". Y está escrito que "por cuanto todos pecaron, y están destituidos de la gloria [bondad, carácter] de Dios".

Aquel, por tanto, que admita que en algo dejó de ser semejante a Dios, en eso confiesa que es impío. Pero la verdad es que todos, en todo, estamos destituidos de la gloria de Dios. Porque "todos se apartaron, a una fueron hechos inútiles; no hay quien haga lo bueno, no hay ni aun uno" (Romanos 3:9-18).

Por consiguiente, puesto que no hay en toda la tierra ni uno solo que no sea impío, y puesto que Dios justifica al impío, eso hace que la justificación –justicia, salvación– por parte de Dios, sea plena, gratuita y segura a toda alma en el mundo.

Y todo cuanto uno debe hacer, por su parte, para hacerla segura para sí mismo, es aceptarla – creer que Dios justifica, personal e individualmente, a aquel es impío. Así, por extraño que parezca a muchos, la única calificación y la única preparación para la justificación es que la persona reconozca su impiedad (Jeremías 3:13).

Entonces, poseyendo esa calificación, habiendo hecho esa preparación, todo cuanto se requiere de él a fin de obtener la justificación plena, gratuita y segura, es que crea que Dios lo justifica a él – el impío.

Es fácil para muchos creer que son impíos, incluso reconocerlo; pero creer que Dios los justifica a ellos, eso les parece demasiado. Y la única razón por la que no pueden creer que Dios los justifica a ellos, es que son impíos, tan impíos.

Si tan solo pudieran encontrar algo bueno en ellos mismos, o si solo pudiesen ser fortalecidos y mejorar, tendrían algún ánimo para esperar que Dios los justifique. Sí, se justificarían a sí mismos por las obras, ¡y luego profesarían creer en la justificación por la fe!

Pero eso no sería más que quitar la base a la justificación; ya que, si alguien pudiese encontrar algo bueno en sí mismo, es porque lo posee ya previamente, y no lo necesita de ningún otro lugar. Si puede fortalecerse y mejorar por sí mismo, entonces no necesita ninguna justificación que provenga de cualquier otra fuente. Por lo tanto, es una contradicción el decir que soy tan impío que no veo cómo el Señor me pueda justificar. Ya que, si no soy impío, entonces no necesito ser hecho justo: ya lo soy. No hay medias tintas entre la justicia y la impiedad.

Pero cuando una persona se ve a sí misma tan impía como para no encontrar ninguna base sobre la que esperar ser justificado, es precisamente ahí donde la fe aparece; en verdad, es solamente ahí que la fe puede entrar.

Porque la fe es dependencia de la palabra de Dios solamente. Así que mientras haya alguna dependencia sobre sí mismo, mientras haya algún motivo de esperanza concebible a favor de cualquier dependencia de cualquier cosa en o acerca de uno mismo, no puede haber fe: ya que ahí no hay lugar para la fe, ya que la fe es la dependencia total de la palabra de Dios.

Pero cuando se desvanece cada rastro concebible de alguna esperanza en uno mismo o cualquier dependencia en cualquier otra cosa, y se admite que se ha desvanecido; cuando todo lo visible va en contra de cualquier esperanza de justificación, es entonces cuando, reposando en la promesa de Dios, en la palabra solamente, esperando contra toda esperanza, entra la fe: y por fe encuentra justificación plena y gratuita, por más impío que sea.

Porque escrito está para siempre: "Al que no obra, pero cree en aquél que justifica al impío, la fe le es contada por justicia". "La justicia de Dios que es por la fe de Jesucristo". "A quien Dios ha puesto en propiciación por medio de la fe en su sangre, para manifestar su justicia por la remisión de los pecados pasados, en la paciencia de Dios".

En eso consiste el ejercicio de la fe.

¿La estás tú ejercitando? Porque, "entender cómo ejercer la fe: eso es la ciencia del Evangelio".

X

"Justificados pues por la fe, tenemos paz para con Dios por medio de nuestro Señor Jesucristo" (Romanos 5:1).

Puesto que la fe es depender solamente de la palabra de Dios, de lo que la palabra dice, ser justificado por la fe es sencillamente, ser contado por justo al depender de la palabra solamente.

Y puesto que esa palabra es la de Dios, depender solamente de la palabra es depender solamente de Dios, en su palabra.

Entonces la justificación por la fe es justificación – al ser contado justo por depender de Dios solamente; y de nadie más que de Él, porque así lo ha prometido.

Todos somos pecadores – pecaminosos e impíos. Estamos, por lo tanto, sujetos al juicio de Dios (Romanos 3:9-19). Sin embargo, hay para todos nosotros escapatoria del juicio divino. Pero la única manera de escapar al juicio de Dios es creyendo en Él.

Cuando David pecó al censar el pueblo, e incurrió de esa manera en un juicio ejemplar de Dios, el Señor le dio a escoger entre siete años de hambre, huir tres meses de sus enemigos, o sufrir tres días de pestilencia. Pero David de ninguna manera quiso elegir; todo lo confió a Dios para que fuese Él quien escogiese, diciendo: "ruego que caiga en la mano de Jehová, porque sus miseraciones son muchas" (2° Sam. 24:11-14).

Cuando ponemos solamente en Dios nuestra dependencia, en su palabra, para alcanzar justicia, tenemos paz para con Él; porque obtenemos verdaderamente justicia, "y el efecto de la justicia será paz; y la labor de la justicia, reposo y seguridad para siempre" (Isaías 32:17).

Cuando dependemos solamente de Dios –de su palabra– para obtener la justicia, tenemos paz mediante nuestro Señor Jesucristo. "Porque Él es nuestra paz, que de ambos hizo "uno"– Dios y el hombre, "aboliendo en su carne las enemistades" "para hacer en sí mismo de los dos –Dios y el hombre– un nuevo hombre, haciendo así la paz" (Efesios 2:14 y 15).

Además, al depender solamente de Dios, de su palabra, para obtener justicia, tenemos paz para con Dios mediante nuestro Señor Jesucristo. "Y por medio de Él reconciliar todas las cosas consigo; así las que están en la tierra como las que están en el cielo, haciendo la paz mediante la sangre de su cruz. Y también a vosotros, que erais en otro tiempo extraños y enemigos en vuestra mente por las malas obras, ahora os ha reconciliado en su cuerpo de carne, mediante la muerte; para presentaros santos y sin mancha e irreprensibles delante de Él; SI en verdad permanecéis fundados y firmes en la fe", si tu continúas dependiendo solamente de Dios y su palabra (Colosenses 1:20-23).

Cuando Dios ha allanado el camino, la justificación tan plena, y la paz tan segura para todos, y pide a todos solamente que simplemente la reciban por aceptarla de Él, y dependan de Él para ello, ¿por qué no habría de ser así justificada toda alma que puebla la tierra, teniendo así la paz de Dios mediante nuestro Señor Jesucristo?

Eso es, "lo que la Escritura quiere decir, cuando nos urge a la necesidad de cultivar la fe".

¿Estas ejercitando tú la fe? ¿Estás justificado por fe? ¿Tienes justicia por fe? ¿Tienes paz con Dios mediante nuestro Señor Jesucristo? "Tened fe en Dios" (Marcos 11:22).

XI

La fe es completa dependencia de la sola palabra de Dios, para el cumplimiento de lo que esa palabra dice.

Siendo así, conviene no olvidar nunca que allí donde no hay palabra de Dios, no puede existir ninguna fe.

Así lo muestra la verdad de que "la fe es por el oír, y el oír por la palabra de Dios" (Romanos 10:17). Puesto que la fe viene en verdad por la palabra misma de Dios, está perfectamente claro que donde no hay palabra de Dios, no puede haber fe.

Eso lo encontramos bellamente ilustrado en un episodio de la vida de David: puesto que éste tenía en su corazón edificar una casa al Señor y el Señor le habló mediante el profeta Nathán, diciendo: "Asimismo Jehová te hace saber, que Él te hará casa… yo estableceré tu simiente después de ti, la cual procederá de tus entrañas, y afirmaré su reino. Él edificará casa a mi nombre, y yo afirmaré para siempre el trono de su reino" (2º Samuel 7:11-13).

Entonces David oró, diciendo:

"Ahora pues, Jehová Dios, la palabra que has hablado sobre tu siervo y sobre su casa, confírmala para siempre, y haz conforme a lo que has dicho. Que sea engrandecido tu nombre para siempre, y se diga: Jehová de los ejércitos es Dios sobre Israel; y que la casa de tu siervo David sea firme delante de ti".

"Porque tú, Jehová de los ejércitos, Dios de Israel, revelaste al oído de tu siervo, diciendo: Yo te edificaré casa. Por esto tu siervo ha hallado en su corazón para hacer delante de ti esta súplica".

"Ahora pues, Jehová Dios, tú eres Dios, y tus palabras serán firmes, ya que has dicho a tu siervo este bien. Y ahora, ten a bien bendecir la casa de tu siervo, para que permanezca para siempre delante de ti; porque tú, Jehová Dios, lo has dicho, y con tu bendición será bendita la casa de tu siervo para siempre" (2º Samuel 7:25-29).

La oración de David fue una plegaria de fe, ya que todo se fundaba en la palabra de Dios: la palabra de Dios era la causa de ella; era su base; y la palabra de Dios constituía toda la esperanza de David, de que esa oración sería contestada.

David pidió de acuerdo con la voluntad de Dios, ya que tal voluntad estaba expresada en la palabra de Dios. Habiendo rogado en armonía con la voluntad revelada de Dios, David supo que su oración fue escuchada. Y sabiendo tal cosa, David supo que tenía asegurada la respuesta a la petición que deseaba de Él (1ª Juan 5:14). Por eso, dijo: así sea. Y, por lo tanto, también la respuesta a esa oración fue, y es, y será por siempre segura para David.

Y todo eso fue escrito para nuestra enseñanza; a fin de que pudiésemos saber cómo elevar la oración con fe, y cómo en la oración cultivar la fe. Por lo tanto, 've y haz tú lo mismo'.

Porque "la comprensión de lo que la Escritura quiere decir, cuando nos urge a la necesidad de cultivar la fe, es más esencial que cualquier otro conocimiento que pueda ser adquirido".

XII

La fe viene por el oír, y el oír, por la palabra de Dios.

Por eso la palabra de Dios es el único camino de fe.

Por lo tanto, donde no hay palabra de Dios, no puede existir fe.

Y donde hay palabra de Dios, la fe depende enteramente de esa palabra, para el cumplimiento de lo dicho por ella.

A partir de esas verdades, se hace perfectamente evidente que para que alguien pueda pedir con fe, es necesario primeramente que se asegure de que tiene la palabra de Dios para aquello que pide.

Teniendo así la palabra de Dios para pedir, él, como David, puede encontrar en su corazón orar con perfecta confianza, que no es sino perfecta fe.

Aquel que ora así, sabe que está pidiendo en conformidad con la voluntad de Dios; efectivamente, sabe que cuenta con la clara palabra de Dios para eso.

Por lo tanto, sabe que Dios le oye, y sabiendo esto, sabe que tiene aquello para lo cual ha orado; eso es así porque el único fundamento de su esperanza es la palabra que ha sido hablada, y que constituye la única base de su petición.

El Señor nos dice que oremos así; y Él ha hecho provisión para el crecimiento constante, fuerte y continuo de la fe.

Muchos oran, pero sin tener la certeza de que sea la voluntad de Dios el que obtengan aquello que piden, y de esa forma, no saben si ciertamente pueden reclamarlo; y no sabiendo tal cosa, quedan en la duda en cuanto a si sus oraciones han sido o no respondidas.

El Señor no desea que nadie permanezca en la incertidumbre. Por lo tanto, nos ha dado su palabra, la cual ampliamente provee a cada uno todas las buenas obras y por la cual nos son dadas todas las cosas que pertenecen a la vida y a la piedad.

Todo aquel que busque en la palabra de Dios las cosas que Él ha provisto allí para todos, y sobre esa palabra específica ora por esa cosa, pidiendo así de acuerdo con la voluntad claramente expresada de Dios, sabe que su oración es escuchada y tiene aquello por lo que oró.

Haciendo de ese modo, las oraciones serán siempre seguras, la vida se llenará con los dones directos de Dios, y la fe será segura y fuerte, y será cada vez más firme.

Muchos elevan la plegaria de los discípulos: Señor, "auméntanos la fe". Eso está bien, pero nunca se debe olvidar que la fe viene solamente por la palabra de Dios. Por lo tanto, cuando tu fe aumente, lo será solamente mediante un aumento en ti de la palabra de Dios. Y la única forma en la que la palabra de Dios puede aumentar en ti, es oyendo esa palabra, orando al Señor por lo declarado en esa palabra, dependiendo totalmente de ella para su realización, y agradeciéndole que lo hayas recibido. Entonces, y de ese modo, es como recibes la palabra, y ésta vive en ti.

Si bien podemos orar, 'Señor, aumenta nuestra fe', al mismo tiempo debemos recordar que debemos edificarnos sobre nuestra santísima fe (Judas 20).

Así es como se debe ejercitar la fe. La fe se puede ejercer solo en la palabra de Dios; porque donde no hay palabra de Dios, no puede haber fe alguna.

Y "saber cómo ejercitar la fe, eso es la ciencia del evangelio".

XIII

"El justo vivirá por la fe".

Y, ¿quiénes son los justos? Únicamente los que son de la fe, ya que sólo por la fe es justificado el hombre.

Porque, aunque todos hemos pecado, y estamos "destituidos de la gloria de Dios", somos "justificados gratuitamente por su gracia, por la redención que es en Cristo Jesús" (Romanos 3:23,24).

Porque, "Al que obra, no se le cuenta el salario por merced, sino por deuda. Pero al que no obra, pero cree en Aquél que justifica al impío, su fe le es contada por justicia" (Romanos 4:4,5).

"Por lo tanto, siendo justificados por la fe, tenemos paz con Dios a través de nuestro Señor Jesucristo" (Romanos 5:1).

Aquellos que son de fe, y sólo ellos, son los únicos justos de la tierra.

Ahora bien, la fe es dependencia total de la palabra de Dios, que aquella palabra cumplirá lo dicho por ella. "Así será mi palabra que sale de mi boca: no volverá a mí vacía, antes hará lo que yo quiero" (Isaías 55:11).

Ser justificado por la fe, por lo tanto, es ser justificado por depender totalmente de la palabra de Dios. Los justos son aquellos que son de la palabra de Dios. Es así como los hombres llegan a ser justos.

Los hombres deben llegar a ser justos no solamente por la fe –por depender de la palabra de Dios–, sino que, siendo justos, debemos también vivir por la fe. El hombre justo vive exactamente de la misma manera y precisamente de la misma en que fue hecho justo.

Venimos a ser justos por la fe; la fe es dependencia total de la palabra de Dios. Siendo nosotros justos, debemos vivir precisamente por lo mismo por lo que fuimos hecho justos; esto es, por dependencia total de la palabra de Dios.

Y eso es exactamente lo que dijo Jesús: El hombre vivirá "con toda palabra que sale de la boca de Dios". Cuando Jesús dijo eso, es perfectamente claro, que Él dijo, en otras palabras, "El hombre vivirá por fe".

Verdaderamente, no hay otra forma de vivir, si no es por fe, es decir, vivir simplemente por la palabra de Dios. Sin fe, sin la palabra de Dios, sólo la muerte espera al hombre.

En realidad, sin la palabra de Dios todo simplemente muere; ya que, en el principio, todo fue hecho por su palabra. La palabra de Dios es el origen y vida de todas las cosas. Porque: "Él dijo, y fue hecho".

Todas las cosas animadas e inanimadas –el sol, la luna y las estrellas, los animales y los hombres–, todas dependen por igual de la palabra de Dios para su existencia. Sólo en el caso de los hombres, Dios les concedió el maravilloso don de la elección en cuanto a si harán o no harán. Tal don abre la puerta de la fe. Y cuando un hombre elige vivir por la palabra de Dios, que es el único medio de vida, la fe –dependencia total de la palabra de Dios– es la forma en la que se aferra a las corrientes de la vida.

Así, "el justo vivirá por la fe", y "todo lo que no es de fe, es pecado". Lo que es simplemente decir: "El justo debe vivir por la palabra de Dios, y todo lo que no es de la palabra de Dios es pecado".

"No podemos tener una experiencia cristiana saludable, no podemos obedecer al Evangelio para salvación, hasta que la ciencia de la fe sea mejor comprendida; y hasta que haya un mayor ejercicio de la fe".

"¿Tienes tú fe?". Ten la fe de Dios.

"Aquí están los que guardan los mandamientos de Dios, y la fe de Jesús".

<u>XIV</u>

"La justicia de Dios es revelada de fe en fe" (Romanos 1:17).

La fe es entera dependencia de la palabra de Dios, esperando que dicha palabra realice lo que ella misma dice. ¿Hay entonces, justicia pronunciada por la palabra de Dios, de tal forma que el hombre pueda depender completamente de ella, que pueda confiar en que la palabra cumplirá lo que declara?

Efectivamente, si la hay. Ese es precisamente el propósito del don de Cristo, "a quien Dios ha puesto en propiciación por medio de la fe en su sangre, para manifestar su justicia por la remisión de los pecados pasados, en la paciencia de Dios" (Romanos 3:25).

Puesto que Dios ha establecido a Cristo expresamente para que manifieste, declare o diga, la justicia de Dios, la palabra de Dios ha sido ciertamente pronunciada y podemos depender plenamente de ésta, esperando que obre lo dicho por ella. En otras palabras, hay justicia que podemos recibir por la fe. ¿Dónde la encontramos pronunciada? En la palabra "perdón". "Él es fiel y justo para que nos perdone nuestros pecados" (1ª Juan 1:9). "Pero en ti hay perdón" (Salmos 130:4). ¿Cuál es el significado de la palabra "perdonar"? Esta palabra está compuesta por dos partes: "*per*" (por, para); y "*donar*" (donar, dar, dádiva); es decir, dar-por. Perdonar, por lo tanto, es sencillamente dar por.

Para el Señor, perdonar el pecado, es dar-por el pecado. Pero ¿qué es lo que da el Señor por el pecado? Él declara "su justicia para el perdón de los pecados".

Así pues, cuando el Señor perdona (dona por) el pecado, Él da su justicia por el pecado. Y puesto que la única justicia que el Señor posee es la suya propia, es evidente que la única justicia que Él da, o puede dar por el pecado, es la justicia de Dios.

Este es el don de Dios, su justicia. Como todo hombre ha pecado, y si ellos alguna vez quieren ser librados, sólo puede serlo gratuitamente. Y puesto que el perdón por el pecado (la justicia de Dios dada por el pecado) es enteramente gratuito, éste es el don gratuito de la justicia de Dios "así también, por la justicia de uno, vino la gracia a todos los hombres para justificación de vida" Romanos 5:18.

Por lo tanto, toda alma que en cualquier momento pida a Dios perdón por el pecado, está en realidad pidiendo a Dios justicia por su pecado. Todo el que pide el perdón, lo pide solamente sobre la palabra de Dios, que declara tal perdón. Y la fe es completa dependencia de la palabra para el cumplimiento de lo que ésta dice. Por lo tanto, la justicia es completamente por fe.

"Cualquiera que pide, recibe". Has pedido muchas veces al Señor que perdone tus pecados; es decir, le has pedido que te dé por tu pecado. Pero cuando haces tal cosa, le estás pidiendo que dé lo único que Él da, o puede dar por el pecado, que es su justicia. Eso es lo que representa pedir perdón de el Señor. Y efectivamente, Él perdona –da por– tus pecados, cuando así se lo pides. Él dice que lo hace, y así es. "Él es fiel" –es decir, Él nunca fallará– "y justo para perdonar nuestros pecados". Y lo único que da por nuestros pecados, es su justicia.

Entonces, ¿por qué no estar agradecido a Él por su justicia que gratuitamente te da por tus pecados, cuando se la pides?

¿Podéis ver que la justicia por la fe es simplemente algo tan sencillo y claro como pedirle a Dios que perdone el pecado? En realidad, es sólo eso.

Cree que esa justicia te es dada por tu pecado, cuando pides perdón, y afortunadamente recibes esa justicia como el regalo de Dios – en esto consiste ejercitar la fe.

Sin embargo, que tan verdadero es esto, "padecemos mucha aflicción y pesar a causa de nuestra incredulidad, y de nuestra ignorancia respecto a cómo ejercitar la fe".

"¿Tienes tú fe?". Ten la fe de Dios.

"Aquí están los que guardan… la fe de Jesús".

XV

"Porque en Jesucristo ni la circuncisión vale algo, ni la incircuncisión, sino la fe que obra por amor" (Gálatas 5:6).

Para aquellos a quienes se dirigió originalmente este pasaje, en el momento en que fue escrito, la circuncisión lo era todo; y era así en virtud de lo que representaba. Para ellos, la circuncisión representaba las obras, y nada más que eso. Les parecía la mayor de las obras, más grande aún que la propia creación, ya que, como decían los rabinos: 'Tan grande es la circuncisión que, de no ser por ella, el Santo, bendito sea Él, no habría creado el mundo'. 'Es tan grande como todos los otros mandamientos'. 'Equivalente a todos los mandamientos de la ley' (Farrar, *Vida de Pablo*, cap. 22, párr. 5, nota; cap. 35, párr. 4,).

Sin embargo, eso que para ellos era tan importante, el Señor lo derribó en un momento, con las palabras: "La circuncisión nada es" y, en Cristo Jesús, la circuncisión nada vale. Y teniendo en cuenta lo que para ellos significaba, eso equivalía a decir llanamente que las obras nada son, y que, en Cristo Jesús las obras nada valen.

Entonces, a todos los otros, quienes en vista de lo anterior podrían sentirse inclinados a jactarse de su carencia de obras, excusando así el pecado, se les da la palabra con igual firmeza: "y la incircuncisión nada es". "En Cristo Jesús…, ni la incircuncisión vale algo". En su contexto, equivale a afirmar que la ausencia de obras nada es, y que, en Cristo Jesús, la ausencia de obras nada vale.

Así pues, las obras nada son, y la ausencia de ellas, tampoco. En Cristo Jesús, ni las obras ni la falta de ellas valen algo. Esa palabra del Señor, por lo tanto, excluye absoluta y para siempre a ambas clases de todo mérito, y toda base de mérito en ellos mismos o en cualquier cosa que alguna vez hicieron o no hicieron.

Y lo anterior es tan cierto hoy como lo fue siempre.

Hoy en día, así las personas estén o no en Cristo, sus obras y la ausencia de ellas carecen de valor.

Porque escrito esta: "¿Estás en Cristo? No, si no os reconocéis pecadores errantes, desamparados y condenados. No, si estáis exaltando y glorificando al yo… Vuestro nacimiento, reputación, riqueza, talentos, virtudes, piedad, filantropía, o cualquier otra cosa en vosotros, o en relación con vosotros, no formará un vínculo de unión entre vuestra alma y Cristo".

¡Qué pues! ¿Se nos abandona al vacío total? ¡No, no, de ninguna manera! Gracias a Dios que hay algo que vale por todo, y por siempre. Aunque es una verdad eterna que "en Cristo Jesús ni la circuncisión, ni la incircuncisión vale algo", también es una verdad eterna que, "lo único que cuenta es LA FE QUE OBRA por amor" (Gálatas 5:6).

Obsérvese que no es la fe y las obras lo que vale, sino "la fe QUE obra". Es la fe, la que por sí misma es capaz de obrar y hacer la obra. Es eso, y solamente eso, lo único que vale para todos, en todo tiempo y en todo lugar.

La fe viene únicamente de Dios; y obra; obra solamente las obras de Dios.

Así, aquel que –en Cristo Jesús– tiene "la fe que obra", posee aquello que es de valor para que Dios se pueda manifestar en la carne, obrando las obras de Dios. Así, "esta es la obra de Dios, que creáis en el que Él ha enviado" (Juan 6:29).

Y así, mientras estás en Cristo, "si hay algo bueno en ti, es totalmente atribuible a la misericordia del Salvador compasivo… vuestra relación con la iglesia, la forma en la que os valoran vuestros hermanos, no valdrá nada, a menos que creáis en Cristo. No es suficiente creer acerca de Él; debéis creer en Él. Habéis de depender enteramente de su gracia salvadora" (*ibíd.*).

"¿Tienes tú fe?". Ten la fe de Dios.

"Aquí están los que guardan… la fe de Jesús".

XVI

Liberación

"Andad en el Espíritu; y no satisfagáis la concupiscencia de la carne" (Gálatas 5:16).

¡Qué bendecida promesa! Y tan segura como bendecida, para todo aquel que cree.

Piensa en los deseos malos de la carne. ¡Cuán presentes están! ¡Cuán extendidos están, y cuán severos son sus clamores! ¡Cuán opresivo es su dominio! ¡Cuán miserable la esclavitud que imponen al hombre!

Todo el mundo los ha experimentado – anhelando hacer el bien que quiere, sin embargo, hace solo el mal que aborrece; teniendo siempre la voluntad de hacer lo bueno, pero sin encontrar la manera de lograrlo; deleitándose en la ley de Dios según el hombre interior, sin embargo, encontrando otra ley en sus miembros que está en guerra contra la ley de su mente, y que lo lleva cautivo a la ley del pecado que está en sus miembros; llevándole a clamar por fin, "¡Miserable hombre de mí! ¿quién me librará del cuerpo de esta muerte?" (Romanos 7:14-24).

Gracias a Dios, hay liberación. Y se encuentra en Cristo Jesús y en el Espíritu de nuestro Dios (Romanos 7:25; 8:1 y 2).

Y la ley del Espíritu de vida en Cristo Jesús os ha hecho libres de la ley del pecado y muerte, por lo tanto, "Andad en el Espíritu; y no satisfagáis la concupiscencia de la carne".

No es solamente que haya liberación de la esclavitud a la corrupción: también existe la libertad gloriosa de los hijos de Dios para cada alma que recibe el Espíritu y anda en el Espíritu.

"Andad en el Espíritu; y no satisfagáis la concupiscencia de la carne" (Gálatas 5:16).

Obsérvese la lista de las obras de la carne: "Adulterio, fornicación, inmundicia, lascivia, idolatría, hechicerías, enemistades, pleitos, celos, explosiones de ira, contiendas, divisiones, sectarismos, envidias, homicidios, borracheras, orgías y cosas semejantes". No llevaréis a cabo ninguna de esas cosas; tenéis la victoria sobre todas ellas cuando vivís según el Espíritu. Así lo afirma la fiel palabra de Dios.

¿No es ese un estado más deseable? ¿Acaso podemos imaginar algo mejor? Y teniendo en cuenta que se obtiene pidiéndolo y tomándolo, ¿no valdrá la pena pedirlo y tomarlo?

Acepta la liberación que Cristo ha forjado para ti. Mantente, y mantente firme en la libertad con la cual Cristo nos ha hecho libres.

"Pedid, y se os dará" "Porque cualquiera que pide, recibe" (Mateo 7:7,8). "Recibid el Espíritu Santo". "Sed llenos del Espíritu". Sí, andad en el "Espíritu Santo de Dios, con el cual estáis sellados para el día de la redención" (Juan 20:22, Efesios 5:18, 4:30).

Capítulo 3

También por nuestro bien

Ellet Waggoner

El cuarto capítulo de Romanos es uno de los de mayor riqueza en la Biblia, por la esperanza y ánimo que contiene para el cristiano. En Abraham, tenemos un ejemplo de la justicia por la fe, y queda expuesta ante nosotros la maravillosa herencia prometida a todos los que tienen la fe de Abraham. Y esa promesa no está restringida. La bendición de Abraham viene tanto a los gentiles como a los judíos; nadie hay tan pobre que no pueda compartirla, ya que "es por la fe, para que sea por gracia; para que la promesa sea firme a toda simiente" (Romanos 4:16).

La última cláusula del versículo diecisiete es digno de especial atención. Contiene el secreto de la posibilidad de nuestro éxito en la vida cristiana. Dice que Abraham creyó a Dios "el cual da vida a los muertos, y llama las cosas que no son, como las que son". Eso denota el poder de Dios; implica poder creador. Dios puede llamar algo que no existe como si existiese. Si eso lo hiciese un hombre, ¿cómo lo calificaríamos? Como una mentira. Si un hombre dijese que una cosa existe, siendo que no es así, eso sería una mentira. Pero Dios no puede mentir. Por lo tanto, cuando Dios llama las cosas que no son como si fueran, es evidente que con ello las hace ser. Es decir, su palabra las hace brotar a la existencia. Todos hemos oído, como una ilustración de confianza, un conocido y antiguo dicho infantil: "si mamá lo dice, es así, aunque no lo sea". Esto es exactamente en el caso con Dios. Antes de aquel tiempo referido como "en el principio", había un triste escenario de la nada absoluta; Dios habló, e instantáneamente surgieron a la existencia los mundos. "Por la palabra de Jehová fueron hechos los cielos, y todo el ejército de ellos por el espíritu de su boca… Porque Él dijo, y fue hecho; Él mandó, y existió" (Salmos 33:6-9). Ese es el poder al que alude Romanos 4:17.

Ahora, leámoslo y apreciemos la fuerza del lenguaje en relación con lo expresado. Hablando todavía de Abraham, el apóstol dice:

"Él creyó en esperanza contra esperanza, para venir a ser padre de muchas gentes, conforme a lo que le había sido dicho: Así será tu simiente. Y no se enflaqueció en la fe, ni consideró su cuerpo ya muerto (siendo ya de casi cien años), ni la matriz muerta de Sara; Tampoco dudó, por incredulidad, de la promesa de Dios, sino que se fortaleció en fe, dando gloria a Dios, plenamente convencido que todo lo que Él había prometido, era también poderoso para hacerlo; por lo cual le fue imputado por justicia" (Romanos 4:18-22).

Aquí aprendemos que la fe de Abraham en Dios, como Aquel que era capaz de traer las cosas a la existencia por su palabra, fue ejercida en relación con su capacidad para crear justicia en una persona destituida de ella. Aquellos que ven la prueba de la fe de Abraham como refiriéndose simplemente al nacimiento de Isaac, y concluyendo ahí, pierden la enseñanza central y la belleza del pasaje sagrado. Isaac no era más que aquel a través del cual le sería llamada simiente, y esa simiente es Cristo. Véase Gálatas 3:16. Cuando Dios le dijo a Abraham que en su simiente serían benditas todas las naciones de la tierra, Dios estaba predicando el evangelio a Abraham (Gálatas 3:8); por lo tanto, la fe de Abraham en la promesa de Dios, fue directamente fe en Cristo como el Salvador de los pecadores. Esta fue la fe que le fue contada por justicia.

Obsérvese ahora la fuerza de esa fe. Su propio cuerpo estaba ya virtualmente muerto a causa de su edad, y Sara estaba en una condición similar. El nacimiento de Isaac de una pareja tal, fue nada menos que producir vida a partir de la muerte. Fue un símbolo del poder de Dios para resucitar a la vida espiritual a aquellos quienes estaban muertos en transgresiones y pecados. Abraham tuvo esperanza contra toda esperanza. Humanamente hablando, no había posibilidad alguna de que la promesa se cumpliese; todo estaba en contra, pero su fe se aferró y reposó en la inmutable palabra de Dios, y en su poder para crear y dar la vida. "Por lo cual le fue imputado por justicia". Y, en resumen:

"No solamente por él fue escrito que le haya sido imputado; sino también por nosotros, a quienes será imputado, esto es, a los que creemos en el que levantó de los muertos a Jesús Señor nuestro, el cual fue entregado por nuestros delitos, y resucitado para nuestra justificación" (Romanos 4:23-25).

Así pues, la fe de Abraham fue lo que debe ser la nuestra, y con similar objeto. El hecho de que sea por la fe en la muerte y resurrección de Cristo, que se nos imputa la misma justicia que se le imputó a Abraham, muestra que la fe de Abraham lo fue igualmente en la muerte y resurrección de Cristo.

Todas las promesas de Dios a Abraham fueron para nosotros, así como para él. En realidad, se nos dice en algún lugar que eran especialmente para nuestro beneficio. "Porque prometiendo Dios a Abraham, no pudiendo jurar por otro mayor, juró por sí mismo". "Por lo cual, queriendo Dios mostrar más abundantemente a los herederos de la promesa la inmutabilidad de su consejo, lo confirmó con juramento; para que, por dos cosas inmutables, en las cuales, es imposible que Dios mienta, tengamos un fortísimo consuelo, los que nos hemos refugiado asiéndonos de la esperanza puesta delante de nosotros" (Hebreos 6:13,17,18). Nuestra esperanza, por lo tanto, descansa en la promesa y juramento hechos a Abraham, ya que tal promesa, confirmada por dicho juramento, contiene todas las bendiciones que Dios puede otorgar al hombre.

Pero hagamos este asunto un poco más personal, antes de abandonarlo.

Alma vacilante, no digas que tus pecados son tantos, y tú tan débil, que no hay para ti esperanza. Cristo vino para salvar a los perdidos, y es poderoso para salvar hasta lo sumo a los que por Él se allegan a Dios. Eres débil, pero Él te dice, "porque mi poder se perfecciona en la debilidad (2ª Corintios 12:9). Y el registro inspirado nos habla de aquellos que "sacaron fuerza de la debilidad" (Hebreos 11:34). Eso significa que Dios tomó sus muchas debilidades, y la transformó en fortaleza. Al hacer así, Él demuestra su poder. Esta es su forma de obrar. "Antes lo necio del mundo escogió Dios, para avergonzar a los sabios; y lo flaco del mundo escogió Dios, para avergonzar lo fuerte; y lo vil del mundo y lo menospreciado escogió Dios, y lo que no es, para deshacer lo que es: Para que ninguna carne se jacte en su presencia" (1ª Corintios 1:27-29).

Ten la fe sencilla de Abraham. ¿De qué manera obtuvo él la justicia? No considerando lo mortecino o falto de fuerza de su propio cuerpo, sino estando dispuesto a dar a Dios toda la gloria. Firme en fe de que Él sería capaz de hacer todas las cosas a partir de lo que no era. Así mismo tú, no consideres la debilidad de tu cuerpo, sino la gracia y el poder de nuestro Señor, teniendo la seguridad de que la misma palabra que puede crear un universo, y resucitar los muertos, puede también crear en ti un corazón limpio, y vivificarte en Dios. Y así serás un hijo de Abraham. Incluso un hijo de Dios por la fe en Cristo Jesús.

Capítulo 4

Creación o evolución, ¿Cuál de las dos?

Alonzo Jones

HOY vamos a hablar sobre el tema de la evolución. Quisiera que prestáis cuidadosa atención, y que os dieseis cuenta por vosotros mismos de si sois o no evolucionistas. Primeramente, os voy a leer en qué consiste la evolución; entonces conforme avancemos, podréis ver si sois o no evolucionistas. Las siguientes afirmaciones están tomadas de un famoso tratado sobre el tema, escrito por uno de los principales evolucionistas; por lo tanto, todas ellas son correctas, en la medida en que llegan, como definiciones:

"La evolución es la teoría que representa el devenir del mundo como una transición gradual desde lo indeterminado hacia lo determinado, desde lo uniforme a lo variado, la cual asume que la causa de esos procesos es inherente al propio mundo que es objeto de la transformación".

"Evolución es, pues, casi un sinónimo de progreso. Es una transición desde lo inferior a lo superior, de lo peor a lo mejor. Tal progreso apunta a un valor añadido en la existencia, tal como reconocen nuestros sentimientos".

Ahora obsérvese los puntos destacados en estas tres frases: la evolución representa el devenir del mundo como una transición gradual desde lo inferior a lo superior, de lo peor a lo mejor; y asume que ese proceso es inmanente al mundo que es objeto de tal transformación. Es decir, la cosa mejora por sí misma; y lo que la hace mejorar es ella misma. Y ese progreso significa un "valor añadido en la existencia, tal como nuestros sentimientos reconocen". Es decir, sabes que estas mejor, porque te sientes mejor. Sabes que ha habido progreso, porque lo sientes. Tus sentimientos regulan tu profesión. Tu conocimiento de tus sentimientos regula tu progreso desde lo peor hacia lo mejor.

Ahora, en este asunto del progreso desde lo peor a lo mejor, ¿tienen algo que ver tus sentimientos? Si es así, ¿qué eres en realidad? Cualquiera de los aquí reunidos que mida su progreso –el valor de su experiencia– por sus sentimientos, es un evolucionista: no importa si ha sido cristiano por cuarenta años, no deja de ser evolucionista. Y toda su religión, su cristianismo, es una mera profesión sin realidad, simplemente una forma sin el poder.

Ahora quisiera leer lo que es la evolución, en otros términos, a fin de que podáis ver que es infidelidad.

Por lo tanto, si te reconoces evolucionista, comprenderás en seguida que eres un infiel: "La hipótesis de la evolución tiene por objeto el responder a diversas preguntas en relación con el principio, o génesis de las cosas". "Contribuye a restaurar el sentimiento ancestral hacia la naturaleza como nuestra madre, y como la fuente de nuestra vida".

Una de las ramas de esta especie de ciencia, que más ha contribuido al establecimiento de la doctrina de la evolución, es la nueva ciencia de la geología, que ha instituido la existencia de vastos e inimaginables períodos de tiempo en la historia pasada de nuestro globo. Dichos períodos de tiempo, como afirma otro de los principales escritores sobre el tema –en realidad su principal autor–, "son la base indispensable para la comprensión del origen del hombre" en el proceso de la evolución.

Así pues, el progreso ha tenido lugar a lo largo de edades interminables. Sin embargo, ese progreso no ha tenido lugar de una forma continua y directamente ascendente, desde su inicio hasta el estado actual, sino que ha sufrido muchos altibajos. Ha habido muchos períodos de gran belleza y simetría; luego, vendría un cataclismo o erupción, y todo, por así decirlo, se caería en pedazos como estaba. Nuevamente se iniciaría el proceso a partir de esa condición de cosas, y la reconstrucción se haría otra vez. Muchas, muchas veces este proceso se ha repetido, y eso es el proceso de evolución – la transición desde lo inferior hacia lo superior, desde lo peor a lo mejor.

Ahora, ¿cuál ha sido el proceso de tu progreso, desde lo peor hacia lo mejor? ¿Ha sido mediante muchos "altibajos"? ¿Se ha caracterizado tu adquisición del poder para hacer el bien –las buenas obras que son de Dios– por un largo proceso de altos y bajos, desde que comenzó tu profesión de fe hasta ahora? ¿Ha parecido en ocasiones que aparentemente has hecho un gran progreso, que lo estabas haciendo bien, que todo era bonito y placentero; y entonces, sin ningún aviso, se ha producido un cataclismo o erupción que lo ha desbaratado todo? No obstante, a pesar de todos los altos y bajos, comienzas un nuevo esfuerzo: y así, a través de este proceso, prolongado en el tiempo, has llegado a donde estás ahora; y mirando atrás, al contemplarlo globalmente, puedes constatar cierto progreso "tal como tus sentimientos reconocen". ¿Es esa tu experiencia? ¿Es esa la manera en la que has hecho avances?

En otras palabras: ¿Eres un evolucionista? No evadas la pregunta; confiesa la verdad con franqueza, porque quiero sacarte del evolucionismo esta tarde. Hay una forma de librarse de esto: todo aquel que haya llegado a este lugar siendo evolucionista puede salir, de él, siendo cristiano. Así pues, cuando esté describiendo a un evolucionista de forma tan clara que puedas verte reflejado en esa descripción, reconócelo así –admite que eres tú mismo–, y sigue después los pasos que Dios te indicará, de manera que seas totalmente liberado de eso. Pero, con toda franqueza, si tu experiencia es la que he descrito, si es esa la clase de progreso que has hecho en tu vida cristiana, créeme que eres evolucionista, ya sea que lo admitas o no. Lo más aconsejable, no obstante, es admitirlo, entonces abandonarlo, y ser cristiano.

Otro aspecto más:

"La evolución, hasta ahora como va, ve la materia como algo eterno". Y al adoptar lo anterior, "la noción de creación queda eliminada de los campos de existencia a los que se aplica".

Ahora, si miras hacia ti mismo, para encontrar ese principio que asegurará el progreso que en ti debe darse a fin de poder entrar en el reino de Dios; si supones que está inmanente en ti mismo, y que, si logras ponerlo adecuadamente en acción, y lo supervisas apropiadamente una vez ha comenzado a obrar, todo irá bien; – si así has estado esperando, velando y progresando, eres un evolucionista. Ya que leo más a propósito de qué es la evolución: "Está claro que la doctrina de la evolución es directamente antagonista de aquella de la creación... la idea de la evolución, cuando se la aplica a la formación del mundo como un todo, es lo opuesto a aquella de una directa voluntad creadora".

Eso es, evolución, según la definición de sus inventores, – que el mundo, con todo lo que en él hay, vino por sí mismo; y que el principio que lo ha traído a la condición en la que ahora está, es inherente a sí mismo, y es apto para producir todo lo que es. De manera que, en la naturaleza de las cosas, "la evolución es directamente antagonista de la creación".

Ahora en cuanto al mundo y todo lo que hay de él. No crees que todo vino de sí mismo. Tu sabes que no eres evolucionista en cuanto a ese punto; porque tú crees que Dios creó todas las cosas. Todos cuantos estamos hoy aquí reunidos diríamos que creemos que Dios creó todas las cosas, – el mundo y todo lo que hay en él. La evolución no admite tal cosa: no deja lugar a la creación.

Hay, sin embargo, otro aspecto de la evolución que no es aparentemente antagónico de la creación. Los que idearon esa evolución a cuyas citas nos hemos referido, no pretendían otra cosa que ser infieles –hombres sin fe–, ya que un infiel es sencillamente alguien desprovisto de fe. A pesar de que una persona disimule tener fe y en realidad no la tiene, es un infiel. Por supuesto, el término "infiel" tiene un significado más concreto en nuestros días. Los hombres que enunciaron esa doctrina de la evolución que hemos citado, eran hombres de esa clase; pero cuando difundieron la doctrina por doquier, hubo gran cantidad de profesos cristianos, que profesaban ser hombres de fe, que profesaban creer la palabra de Dios – que enseñan la creación. Esos hombres, no conociendo por ellos mismos la palabra de Dios, teniendo una fe que era una mera forma sin el poder; se vieron seducidos por el encanto de aquella doctrina novedosa, y deseosos de conseguir popularidad mediante la nueva ciencia, y realmente sin querer renegar completamente de la palabra de Dios y los caminos de la fe, no estaban listos para decir que podían llevarse bien sin Dios, sin la creación en algún lugar, formaron así una especie de evolución con el Creador en ella. Esa fase se la conoce como la evolución teísta; es decir, Dios comenzó las cosas, cuando sea que allá tenido lugar; pero a partir de entonces, ha venido funcionando por ella misma. Dios la inició, y en lo sucesivo ha sido capaz por ella misma de cumplir todo cuanto ha sido hecho.

Todo eso, no obstante, no es más que una improvisación, una treta para guardar apariencias, y es con claridad anunciado por los auténticos evolucionistas, que no es más que "una fase de transición desde la creación a la hipótesis de la evolución". Es pura evolución, ya que no hay medias tintas entre la creación y la evolución.

Seas tú uno de ellos o no, lo cierto es que abundan, incluso entre los cristianos –no tantos como antaño ¡gracias a Dios!–, quienes creen que debemos pedir a Dios nos de su perdón por nuestros pecados, y así nos inicie en el camino recto; pero posteriormente, nosotros debemos obrar nuestra propia salvación con temor y temblor. De acuerdo con eso, temen y tiemblan todo el tiempo; pero no obran ninguna salvación, ya que no tienen a Dios constantemente obrando en ellos, "así el querer como el hacer, por su buena voluntad" (Filipenses 2:12,13).

En Hebreos 11:3, nos dice: Por fe entendemos haber sido constituido el universo "por la palabra de Dios, de manera que lo que se ve, fue hecho de lo que no se veía". La tierra que conocemos no fue hecha a partir de rocas; el hombre no fue hecho a partir de monos. Y los monos, simios, y "eslabones perdidos" no fueron hechos a partir de renacuajos, ni los renacuajos de protoplasmas, en aquel remoto principio. ¡No!, "los mundos fueron formados por la palabra de Dios, de manera que lo que se ve, fue hecho de lo que no se veía".

Ahora, ¿por qué es que lo que vemos no fue hecho a partir de lo visible? Simplemente porque las cosas a partir de las que éstas son hechas no parecen. Y la razón de que no parezcan es que tales cosas no existían. No existían en absoluto. Los mundos fueron formados por la palabra de Dios; y la palabra de Dios tiene una cualidad, o propiedad en sí misma que causa, al ser pronunciada, no solamente la existencia de la cosa invocada, sino también del material que la compone, aquello de lo que consta en cuanto a la sustancia.

Conocéis también esa otra escritura, aquella que declara que "por la palabra de Jehová fueron hechos los cielos, y todo el ejército de ellos por el espíritu de su boca... porque Él dijo, y fue hecho; Él mandó, y existió" (Salmos 33:6, 9). A propósito de eso os quiero preguntar: ¿Cuánto tardó, después que Dios habló, antes de que las cosas fueran? ¿Cuánto tiempo pasó, después que Él habló, hasta que "fue hecho"? [Voz: 'ningún tiempo'] ¿Ni una semana? –No. ¿Ni seis largos períodos de tiempo? –No. La evolución, incluso la que reconoce a un "Creador", mantiene que incontables e indefinidas edades o "seis largos e indefinidos períodos de tiempo" transcurrieron en la formación de las cosas que vemos después que Dios habló. Pero eso es evolución, no creación: la evolución tiene lugar mediante un largo proceso. La creación es por la palabra hablada.

Cuando Dios, al pronunciar la palabra, hubo creado los mundos, en relación con el nuestro, Él dijo: "Sea la luz". Ahora, ¿cuánto tiempo pasó entre las palabras: "Sea la luz", y el tiempo en que la luz brillo? Quiero que entiendas bien este asunto, para que puedas averiguar si eres un evolucionista o un creacionista. Permitidme repetir la pregunta, ¿no hubo seis largos períodos de tiempo entre la emisión de la palabra y el cumplimiento del hecho? Decís que no. ¿No pasó una semana? –No. ¿No pasó un día? –No. ¿Ni siquiera una hora? –No. ¿Y un minuto? –Tampoco. ¿Quizá un segundo? –No, ciertamente. No pasó ni un segundo entre el momento en que Dios pronunció las palabras "Sea la luz", y la existencia de esa luz. [Voz: "Tan pronto como se pronunció la palabra, fue la luz"]. Efectivamente, así es como sucedió. He presentado ese punto minuciosamente a fin de que quede bien fijado en vuestra mente, por temor a que lo olvidéis, cuando más adelante os haga alguna pregunta relacionada con ello. Así pues, ¿queda claro que cuando Dios dijo "Sea la luz", no pasó ni un segundo entre eso y el momento en el que la luz brilló? [Voz: Sí]. Muy bien. Entonces, aquel que admite que transcurrió cualquier cantidad de tiempo entre la declaración de Dios y la aparición de la cosa, es un evolucionista. Si son edades sin fin, se trata simplemente de alguien más evolucionista que el que piensa que tardó un día: es lo mismo, sólo que en mayor cantidad.

Luego, Dios dijo: "Que haya un firmamento". ¿Y entonces qué fue? –Fue así. Entonces desde el tiempo que Dios habló, "Que haya un firmamento... y que divida las aguas de las aguas",

¿cuánto tiempo paso antes de que el firmamento estuviera allí? ¿No fue hecho instantáneamente? –Sí. Entonces el hombre que sostiene que hubo un tiempo indefinido, muy largo, entre el hablar de la palabra y la existencia del hecho, ¿qué es? –Un evolucionista. Si él permite que haya un día, una hora o un minuto, entre el hablar de la palabra y la existencia de la cosa misma, ese hombre no reconoce la creación.

Cuando el Señor dijo: "Que se junten las aguas que están debajo de los cielos en un lugar, y descúbrase lo seco", también cuando dijo: "Que la tierra produzca hierba verde, hierba que dé semilla; árbol de fruto que dé fruto según su género, y que su semilla este en él..." y fue así. E hizo Dios "las dos grandes lumbreras... e hizo también las estrellas" y cuando Él habló la palabra, "así fue". Dijo Dios: "Produzcan las aguas abundantemente criatura vivientes que tienen vida, y aves que vuelen sobre la tierra, en la abierta expansión de los cielos", y fue así. Cuando dijo Dios: "Produzca la tierra criatura viviente según su especie, ganado, y reptil, y bestias de la tierra según su especie"; fue así. Cuando Él hablo, así fue siempre. Eso es creación.

Puedes ver, entonces, que es perfectamente lógico y suficientemente razonable también, para los evolucionistas dejar a un lado la palabra de Dios y no tener fe en ella; pues la evolución misma es antagónica a la creación.

Cuando la evolución es antagónica a la creación, y la creación es por la palabra de Dios, entonces la evolución es antagónica a la palabra de Dios. Por supuesto, el evolucionista genuino y declarado no tiene lugar alguno para esa Palabra, ni tampoco para los semi-evolucionistas, – aquellos que evocan la creación y la palabra de Dios a modo de iniciación. La evolución necesita tanto tiempo, un período tan indefinido e indeterminado para conseguir lo que sea, que descarta la creación.

El evolucionista genuino reconoce que la creación debe ser inmediata; pero no cree en la acción inmediata, por lo tanto, no cree en la creación. No olvidéis que la creación es inmediata, o no es creación: si no es inmediata, entonces es evolución.

Así tocando de nuevo la creación en el principio, cuando Dios habla, hay en su palabra la energía creadora para producir la cosa que esa palabra pronuncia. En eso consiste la creación; y esa palabra de Dios es la misma ayer, y hoy, y por los siglos; vive y permanece para siempre; tiene vida eterna en sí misma. La palabra de Dios es cosa viva. La vida que está en ella es la vida de Dios – vida eterna. Por tanto, es la palabra de vida eterna, como dijo el Señor Jesús; y en la naturaleza de las cosas se mantiene y permanece para siempre. Para siempre es la palabra de Dios; para siempre tiene energía creadora en ella.

Así, cuando Jesús estuvo aquí, dijo: "Las palabras que yo os he hablado, son espíritu, y son vida".

Las palabras que Jesús habló son las palabras de Dios. Están impregnadas de la vida de Dios. Son vida eterna, permanecen para siempre; y en ellas está la energía creadora para producir lo que declaran.

Así lo ilustran muchos incidentes en la vida de Cristo, tal como lo narra el Nuevo Testamento. No necesito citar todos ellos, pero me referiré a uno o dos de ellos, a fin de que podáis captar el principio. Recordáis que, tras el sermón de la montaña, Jesús descendió, y se encontró con un centurión que le dijo: "Señor, mi mozo yace en casa paralítico, gravemente atormentado. Y Jesús le dijo: Yo iré y le sanaré". El centurión dijo: "Señor, no soy digno de que entres debajo de mi techado; mas solamente di la palabra, y mi mozo sanará". Jesús, dirigiéndose a quienes le seguían, dijo: "No he hallado tanta fe, no, no en Israel".

Israel tenía la Biblia; conocía la palabra de Dios. Se enorgullecía de ser el pueblo del Libro, el pueblo de Dios. Lo leían; lo predicaban en sus sinagogas, "Mi palabra [la de Dios]… hará lo que yo quiero". Cuando leían esa palabra, decían: 'Eso está bien, y se debe de hacer. Vemos la necesidad de que se haga, y así lo haremos. Cumpliremos lo que la palabra dice". Entonces hacían lo mejor de su parte para cumplirlo.

Les tomó mucho tiempo, tanto tiempo de hecho, que nunca lo hicieron. Su verdadero obrar de la palabra estaba tan lejos que el principal de ellos fue llevado a exclamar: "Si una sola persona pudiera por tan solo un solo día guardar toda la ley, y no ofender en un punto; o, mejor dicho, si una sola persona pudiera guardar la parte de ley que se refiere a la debida observancia del sábado, entonces los problemas de Israel se terminarían, y el Mesías por fin vendría". Así que, aunque comenzaron a hacer lo que la palabra decía, les tomó tanto tiempo que nunca la alcanzaron. ¿Que eran, entonces?

Ahí, estaba la palabra de Dios, la cual decía: "Hará lo que yo quiero". Se habló así del poder creador. Y aunque profesaron reconocer la energía creadora de la palabra de Dios, sin embargo, en sus propias vidas negaron tal cosa, y decían: 'nosotros lo haremos'. Se miraron a sí mismos para el proceso que les llevaría hasta el punto en que esa palabra y ellos mismos estarían de acuerdo. ¿Qué eran? ¿Tenéis miedo a responder, por temor de haber estado allí tú mismo? No tengáis reparos en decir que eran evolucionistas, porque eso es lo que eran, y eso somos muchos de nosotros. Su curso era antagónico a la creación; no había allí ninguna creación al respecto. No fueron hechos nuevas criaturas; no se formó nueva vida dentro de ellos; sus obras no fueron logradas por el poder de Dios; todo procedió de ellos mismos; y estaban tan lejos de creer realmente en la creación que rechazaron al Creador, y lo expulsaron fuera del mundo crucificándolo. Ese es el fruto invariable de la evolución; pues no olvidemos que "la evolución es directamente antagónica a la creación".

Ahora estas eran las personas sobre las que Jesús miraba cuando hizo esta declaración acerca de la fe en Israel. Ahí estaba un hombre que era romano, que había crecido entre la gente que era judía – quienes desecharon las enseñanzas de Jesús. Ese centurión había estado alrededor donde Jesús caminaba, lo había visto hablar, había oído sus palabras y había visto el efecto de ellas, hasta que él mismo dijo: 'Todo lo que este hombre habla se cumple; cuando Él dice algo, se hace. Ahora voy a tomar ventaja de ello'. Así que fue a Jesús, y dijo lo que está escrito. Jesús sabía perfectamente que el hombre tenía puesta su mente en el poder de su palabra para hacer lo que él [centurión] pidiera; y Él respondió: "Muy bien, iré y sanaré a tu siervo". ¡Oh no, mi Señor, no necesitas venir! Podéis ver que este centurión estaba probando el asunto, para ver si había o no poder en la palabra. De manera, que dijo: "Habla solamente la palabra, y mi siervo sanará". Jesús le respondió: "Como has creído, así te sea hecho". Y su siervo fue sanado. Cuando esa palabra salió, "así te sea hecho", ¿cuánto tiempo paso antes de que el hombre fuese sanado? ¿Veinte años? –No. ¿No tenía que pasar por muchos altibajos antes de que ciertamente estuviera curado? ¡Se honesto, ahora! No, no. Cuando la palabra fue pronunciada, la palabra hizo lo que se dijo; y lo hizo en el mismo instante.

Otro día Jesús estaba caminando, y un leproso a cierta distancia de Él lo vio y lo reconoció. Él también se había apoderado de la bendita verdad de la energía creadora de la palabra de Dios. Él le dijo a Jesús: "Si quieres, puedes limpiarme". Jesús se detuvo y dijo: "Yo quiero; sé limpio. Y en cuanto hubo hablado, inmediatamente la lepra se apartó de él, y fue purificado" (Marcos 1:41, 42). No se nos permite poner ni un momento de tiempo entre el hablar de la palabra y el cumplimiento del hecho: "inmediatamente" el leproso fue purificado.

Ahora podéis ver que la palabra de Dios al principio de la creación tenía en ella la energía creadora para producir esa cosa que la palabra pronunciaba. Vemos que cuando Jesús vino al mundo para mostrar a los hombres el camino de vida, para salvarlos de sus pecados, Él demostró, una y otra vez, aquí y allá y en todas partes, a todas las personas y para siempre, que esa misma palabra de Dios tiene esa misma energía creadora todavía; de modo que cuando se habla esa palabra, la energía creadora está ahí para producir lo que la palabra manda.

Ahora, ¿eres un evolucionista, o eres un creacionista? Esa palabra te habla a ti. La has leído, profesas creerlo. Crees en la creación en contra de los otros evolucionistas; ahora ¿creerás en la creación, aun en contra de ti mismo? ¿Te pondrás hoy sobre la plataforma en la que no permitirás que nada se interponga entre ti y la energía creadora de esa palabra –ningún período de tiempo de la duración que sea?

Jesús dijo a cierta persona, "Tus pecados te son perdonados". ¿Cuánto tiempo tardó en cumplirse? –Ninguna cantidad de tiempo pasó entre la palabra "perdonados", y el hecho. Las mismas palabras, "tus pecados te son perdonados", te es comunicada a ti hoy. ¿Por qué permites pasar algún tiempo entre esa palabra que se te declara, y su cumplimiento? Has dicho un tiempo atrás, que cualquiera que deje pasar un minuto, o incluso un segundo, entre el hablar de la palabra de Dios y la realización de la misma, es un evolucionista. Y has dicho bien, porque así es, no lo olvides. Ahora te pregunto, ¿por qué es que cuando habla perdón a ti, dejas pasar días enteros antes de que el perdón llegue a ti, antes de que sea verdad en ti? Dijiste que el hombre referido es un evolucionista. Y tú, ¿qué eres? Me gustaría saber. ¿Vas a dejar de ser evolucionista y convertirte en creacionista?

Este día será de especial importancia para muchos aquí, porque es un tiempo en que muchos decidirán esta cuestión de una forma o de otra. Si sales de aquí siendo un evolucionista, estás en peligro. Es para ti una cuestión de vida o muerte en este momento. Tu dijiste que la evolución es infidelidad, y eso es así; por lo tanto, si sales de esta reunión siendo un evolucionista,

¿cuál es tú posición?, ¿cuál es tu decisión? Y si sales de este lugar sin el perdón de tus pecados, eres un evolucionista, porque dejas pasar el tiempo entre el hablar de la palabra y la realización del hecho.

A partir de lo expuesto, podéis ver que quien deja pasar cualquier cantidad de tiempo entre la palabra hablada y la realización del hecho, es un evolucionista. La palabra de Dios para ti es, "Mujer tus pecados te son perdonados". "Hombre tus pecados te son perdonados" [Pastor Corliss: '¿No dijo, tus pecados te serán perdonados?']. No, señor. "Tus pecados te son perdonados", –en tiempo presente, con énfasis–, "Tus pecados son perdonados". Agradezco a Dios de que así sea, porque la energía creadora está en la palabra "perdonado" para quitar todo pecado y crear al hombre una nueva criatura. Creo firmemente en la creación. ¿Y tú? ¿crees en la energía creadora contenida en la palabra "perdonado" que Dios te declara? ¿O es usted un evolucionista, y dices, 'no puedo ver cómo eso pueda ser así, porque soy tan malo'? 'He estado tratando de hacer lo correcto, pero he fracasado muchas veces; he tenido muchos altibajos, y he estado bastantes más veces abajo que arriba'. Si eso es lo que dices, debes reconocerte evolucionista, porque en eso consiste la evolución.

Muchas personas han estado anhelando y deseando un corazón limpio. Dicen: "Yo creo en el perdón de pecado y todo eso, y lo querría hacer mío si estuviese seguro de que puedo mantenerlo; pero hay tanta maldad en mi corazón y tantas cosas que vencer, que no tengo confianza alguna". Pero ahí viene la palabra: "Crea en mí un corazón limpio". Un corazón limpio viene por creación, y por ningún otro medio; y aquella creación es forjada por la palabra de Dios. Porque Él dice: "Os daré corazón nuevo, y pondré espíritu nuevo dentro de ti" (Ezequiel 36:26). ¿Ahora eres creacionista o eres un evolucionista? ¿Saldrás de esta casa con un corazón malo, o con un corazón nuevo, creado por la palabra de Dios, la palabra que tiene en ella energía creadora para producir un nuevo corazón? Te habla de un nuevo corazón. A cada uno habla así; si dejas pasar un momento de tiempo entre el hablar de la palabra y el nuevo corazón, eres un evolucionista. Cuando permites que cualquier fracción de tiempo se interponga entre la palabra pronunciada y su cumplimiento en tu experiencia, entonces eres un evolucionista.

Algunos de los que aquí están, han dicho: 'Sí, lo quiero. Voy a tenerlo. Creo que la palabra lo cumplirá, pero han alargado el tiempo hasta la próxima reunión, y así sucesivamente, dejando transcurrir los años; y así ellos son muy evolucionistas'. "Mientras que muchos siguen preguntándose sobre los misterios de la fe y la piedad, habrían podido resolver el asunto si hubiesen proclamado, 'Yo sé que Jesucristo es mi porción eterna'". El poder para obrar tal cosa está en la palabra de Dios; y cuando eso es aceptado, la energía creadora está ahí produciendo lo que se habla. De manera que podéis resolver todo el asunto del misterio de la fe y la piedad proclamando que sabéis que Cristo es vuestra porción eterna.

Hay un misterio en cómo Dios puede manifestarse en una carne tan pecaminosa como la suya. Pero, considera, la pregunta no es ahora sobre el misterio: la pregunta es, ¿existe tal cosa como creación? ¿Existe tal cosa como un Creador, que puede crear en ti un corazón puro? ¿O todo esto es simplemente evolución? Justo ahora, y entre los cristianos, la pregunta desde este día hasta el fin del mundo debe ser: ¿Crees en el Creador? Y cuando crees en el Creador, ¿cómo es que El crea? -Por supuesto que dices: Es por la palabra de Dios. Muy bien. Ahora, ¿Él crea las cosas para ti por su palabra? ¿Eres un creacionista para los otros evolucionistas, y luego un evolucionista para los otros creacionistas? ¿Cómo es eso?

Otra cosa: La palabra dice, "Queda limpio". Cierto día Él dijo, "Sea la luz. Y fue la luz". Al leproso le dijo "Sé limpio", y "al instante" quedó limpio. Ahora te dice a ti, "Queda limpio". Y ¿Qué pasa? Cada uno de ustedes –¿Qué dicen? – [Voz: 'Que es así']. Entonces, por el bien de tu alma, ríndete bajo el influjo de la palabra creadora. Reconoce la energía creadora en la palabra de Dios que desde la Biblia llega a ti; porque esa palabra de Dios en la Biblia es la misma aquí hoy a vosotros que la que fue cuando habló en el espacio a los mundos en lo alto, y sacó la luz de las tinieblas, y cuando curó al leproso.

Esa palabra hablada a ti el día de hoy, si la recibes, hace de ti una nueva criatura en Cristo Jesús; esa palabra, pronunciada en el caos y vacío de tu corazón, si la recibes, produce allí la luz de Dios; esa palabra que hoy te es declarada, aunque estés enfermo de la lepra del pecado, si la recibes, os limpia inmediatamente. Permítele. Recíbelo.

¿Cómo puedo ser limpio? –Por la energía creadora de esa palabra: "Sé limpio". Por lo tanto, está escrito: "Ya vosotros sois limpios, por la palabra que os he hablado" (Juan 15:3). ¿Lo seréis? ¿Desde este momento serás un creacionista? ¿O seguirás siendo un evolucionista? Observa qué gran bendición es esto. Cuando usted lee la palabra, la recibes y meditas en ella, ¿qué es para ti en todo momento? ¡Oh, es creación! La energía creadora obra en ti, produciendo las cosas que la palabra habla; y así estás viviendo ante la presencia misma del poder creador. La creación actúa en tu vida. Dios está creando en ti justicia, santidad, verdad, fidelidad – toda buena dádiva, así es si lo crees.

Cuando así suceda, tu observancia del sábado tendrá significado, ya que el sábado es un memorial de la creación, – la señal de que quien lo guarda conoce al Creador, y está familiarizado con el proceso de la creación. Pero tan ciertamente si usted es como un evolucionista, su guardar el sábado es un fraude.

A menos que reconozcas diariamente la palabra de Dios como una energía creadora en tu vida, tu observancia del sábado es un fraude; ya que el sábado es un memorial de la creación. Es una "señal entre mí y vosotros, para que sepáis que yo soy Jehová vuestro Dios" (Ezequiel 20:12), el Creador de todas las cosas.

En el capítulo segundo de Efesios, versículos ocho al diez, leemos:

"Porque por gracia sois salvos por medio de la fe; y esto no de vosotros, pues es don de Dios: No por obras, para que nadie se gloríe. Porque somos hechura suya, creados en Cristo Jesús para buenas obras, las cuales Dios preparó de antemano para que anduviésemos en ellas".

No necesitas esperar ninguna buena obra que proceda de ti mismo. ¿Lo has estado intentando? El evolucionista intenta, y siempre lo está intentando, sin lograrlo. ¿Por qué tratar de hacer buenas obras cuando sabes que fallas? Escucha: Nunca habrá algo bueno en ti, de ninguna clase, desde ahora hasta el fin del mundo, a menos que haya sido creado allí por el Creador mismo, por su palabra, que tiene en ella la energía creadora. No olvides eso. ¿Quieres andar en buenas obras cuando salgas de este lugar? Eso sólo puede darse si eres creado en Cristo Jesús para esas buenas obras. Deja de intentarlo. Mira al Creador y recibe su palabra creadora. "La palabra de Cristo habite en vosotros en abundancia" (Colosenses 3:16); entonces aparecerán esas buenas obras; y usted será un cristiano genuino. Entonces, debido a que vives con el Creador, y estás en presencia de la energía creadora, tendrás esa paz agradable, tranquila, y la fuerza genuina y edificante, que pertenecen a un cristiano.

Cuando Él te dice que "somos hechura suya, creados en Cristo Jesús para buenas obras, las cuales Dios preparó de antemano para que anduviésemos en ellas", reconoce ahí al Creador, – reconoce solamente las buenas obras que en ti son creadas, no considerando ninguna obra que no sea creada, ya que no hay nada bueno, aparte de lo que el Señor haya creado. Ahora eres creado de nuevo en Cristo Jesús. Él lo corrobora. Dale las gracias a Él porque es así. ¡No irás a ser evolucionista esta vez! Se trata de tiempo verbal presente, "somos hechura suya", somos creados en Cristo Jesús para buenas obras. ¿Lo eres tú? La palabra es pronunciada. Es la palabra creadora. ¿Cuánto tiempo permitirás que pase entre la palabra de Dios y el que tú seas creado de nuevo?

En relación a la creación del Génesis, has dicho que aquel que admite siquiera un minuto entre la palabra y el hecho, es un evolucionista. ¿Qué serás, con respecto a esa palabra de Dios que crea al hombre en Cristo Jesús, para buenas obras? ¿Serás aquí evolucionista en esto? Permitamos ser todos creacionistas.

¿Comprendes que de esa manera no va a requerir un largo, tedioso y agotador proceso el que estés preparado para recibir al Señor en su gloria? Muchos están mirándose a ellos mismos. Saben que, de forma natural, el que estén plenamente preparados para recibirlo, les va a ocupar un larguísimo tiempo. Si esto es hecho por evolución, nunca será hecho. Pero si es mediante la creación, será obrado de forma rápida y segura.

Esa palabra que antes he mencionado, es la palabra que cada uno puede aquí aplicarse a sí mismo: "Mientras que muchos siguen preguntándose sobre los misterios de la fe y la piedad, habrían podido resolver el asunto si hubieran proclamado, 'Yo sé que Jesucristo es mi porción eterna'".

¿Comprendéis cuán evolucionistas hemos sido? ¿Dejaremos de serlo? Vengamos ahora, seamos creacionistas y rompamos con lo anterior. Seamos verdaderos guardadores del sábado. Permitamos creer al Señor.

Cuando Él pronuncia perdón. Declara un corazón limpio. Declara santidad, la crea. Permítele crearlo en ti.

Deja de ser un evolucionista y permite que esa palabra creadora obre por ti, deja que esa energía creadora obre en ti; lo que la palabra pronuncia, y antes de dejar esta reunión, Dios puede prepararte para encontrarte con Él. De hecho, en ese mismo proceso lo encuentras. Y cuando lo hayas encontrado así y lo encuentras cada día, ¿no estarás entonces listo para el encuentro con tú Dios? ¿Lo crees así? Crees que hizo los mundos cuando habló, que la luz fue hecha por su palabra, y que el leproso fue limpio "al instante" cuando Jesús habló; pero en cuanto a ti, crees que tiene que pasar un considerable lapso de tiempo entre la declaración de la palabra y el cumplimiento del hecho. ¡Oh! ¿Por qué habrías de ser evolucionista? Creación, creación. –De eso se trata.

Vosotros y yo tenemos que invitar a la gente a la cena; tenemos que decirles, "Venid, que ya está todo listo".

¿Cómo podré llamar a un hombre diciéndole que ya está todo listo, si yo mismo no estoy listo? Es comenzar en falso. Mis palabras no lo conmoverán: no son más que un sonido vacío. Pero oh, cuando hay en ese llamado la energía creadora de la palabra que nos ha preparado, que nos ha limpiado del pecado, que nos ha creado para buenas obras, que nos sostiene como el sol se sostiene en el curso que Dios ha marcado – entonces marchamos con decisión, y decimos al mundo que yace en maldad, "Venid, que ya está todo listo" (Lucas 14:17), y entonces nos oirán. Ellos oirán en el llamado los tonos atractivos del Buen Pastor, y se sentirán impulsados a acudir a Él para recibir esa energía creadora en su favor, a fin de que sean nuevas criaturas, y sean preparados para la cena a la que han sido llamados.

Ahí es donde estamos en la historia de este mundo. La marca de Dios está siendo puesta sobre el pueblo. Pero recuerda, Él nunca pondrá su marca sobre aquel que no está limpio de toda impureza. Dios no pondrá su sello sobre nada que no sea verdadero, que no sea bueno. ¿Le pedirás que ponga su sello de justicia sobre lo que no es más que injusticia? No pretenderás cosa semejante. Sabes que Él es demasiado justo para hacer tal cosa.

Entonces Él debe limpiarte, para que Él pueda poner su sello en su propia obra. Dios no puede poner su sello sobre tu obra. Su sello pertenece solamente a un documento que Él mismo ha aprobado. Permítele que Él escriba su carácter en tu corazón, y entonces podrá poner allí su sello; Él puede escribir su sello de aprobación en tú corazón, sólo cuando su palabra creadora haya cumplido su propósito en tú corazón.

¿Podéis apreciar en presencia de Quién estamos? Ved lo infinito e inagotable que es un tema como este. Pero, hermanos, cuando terminemos, que nos encontremos ante la presencia de la creación. No seamos más evolucionistas. No dejes que pase ningún momento entre la palabra que Dios te da, y la realización de la misma en ti.

Así, viviendo en presencia de la creación, andando con el Creador, sostenido por el poder creador, inspirados por la energía creadora, porque con un pueblo como ese, Dios puede mover el mundo en muy poco tiempo.

Si al principio pensabas que este era un tema raro para una ocasión como la que hoy (era el servicio de cierre de la semana de oración), ahora puedes ver que es una verdad estrictamente presente.

Sólo hay dos caminos. No existe el terreno neutral. Cada hombre y mujer en el mundo, o bien es un creacionista o un evolucionista. La evolución es infidelidad, es muerte. La creación es cristianismo, es vida. Escoge pues, la creación, el cristianismo, y la Vida, para que vivas. Seamos creacionistas solamente, y creacionistas para siempre. Y que todos puedan decir: 'Amén'.

Capítulo 5

Fe que salva

Ellet Waggoner

MAS la justicia que es por la fe dice así: No digas en tu corazón: ¿Quién subirá al cielo? (esto es, para traer abajo a Cristo): O, ¿quién descenderá al abismo? (esto es, para volver a subir a Cristo de los muertos.) Mas ¿qué dice? Cerca de ti está la palabra, en tu boca y en tu corazón. Ésta es la palabra de fe la cual predicamos: Que, si confesares con tu boca al Señor Jesús, y creyeres en tu corazón que Dios le levantó de los muertos, serás salvo" (Romanos 10:6-9).

¿Podemos aceptar esas palabras, especialmente la afirmación de la última frase, como literalmente verdaderas? ¿No estaremos en peligro si lo hacemos? ¿Acaso la salvación no requiere algo más que la fe en Cristo? A la primera pregunta respondemos: Sí. Y a las otras dos, No; y nos referimos a las Escrituras para corroborarlo. Una afirmación tan sencilla y transparente, no puede ser sino literalmente cierta, y de la cual puede depender el tembloroso pecador.

A modo de evidencia, considérese el caso del carcelero de Filipos. Pablo y Silas, tras haber sido tratados de forma inhumana, fueron puestos a su cuidado. A pesar de sus dorsos sangrantes y de sus pies esposados, oraban y cantaban alabanzas a Dios en medio de la noche, cuando súbitamente, un terremoto sacudió la prisión y se abrieron todas las puertas. Lo que hizo temblar al carcelero no fue solamente el miedo natural de sentir cómo cedía la tierra bajo sus pies, ni siquiera el temor a la justicia romana si escapaban los prisioneros a su cargo. En aquel terremoto sintió una premonición del gran día del juicio con respecto al que los apóstoles habían predicado; y, temblando bajo su carga de culpa, se postró ante Pablo y Silas, diciendo, "Señores, ¿qué es menester que yo haga para ser salvo?" (Hechos 16:26-31). Observad bien la respuesta, porque aquí nos encontramos ante un alma en situación de extremo dolor, y lo que fue suficiente para él debe ser el mensaje para todos los perdidos. A ese angustioso clamor del carcelero, Pablo respondió, "Cree en el Señor Jesucristo, y serás salvo tú, y tu casa" (Hechos16:30,31). Eso concuerda perfectamente con las palabras de Pablo a los Romanos.

Los judíos dijeron cierto día a Jesús, "¿Qué haremos para que obremos las obras de Dios?". Solo eso queremos saber. Obsérvese la respuesta: "Esta es la obra de Dios, que creáis en el que Él ha enviado" (Juan 6:28,29). Esas palabras deberían estar escritas con letras de oro, continuamente presentes ante la vista del cristiano que lucha. Se aclara la aparente paradoja. Las obras son necesarias; aunque la fe es enteramente suficiente, ya que la fe realiza la obra. La fe lo abarca todo, y sin fe, nada hay.

El problema es que, en general, se tiene una concepción errónea de la fe. Muchos imaginan que es un mero sentimiento, y que es solamente algo pasivo, a lo que hay que añadir las obras activas. Sin embargo, la fe es activa, y no es solamente lo principal, sino el único fundamento real. La ley es la justicia de Dios (Isaías 51:6,7), aquella que se nos amonesta a buscar (Mateo 6:33); pero no es posible guardarla si no es por fe, porque la única justicia que resistirá en el juicio es "la que es por la fe de Cristo, la justicia que es de Dios por la fe" (Filipenses 3:9).

Leed las palabras de Pablo en Romanos 3:31: "¿Luego deshacemos la ley por la fe? En ninguna manera; antes establecemos la ley".

El que el hombre deshaga la ley, no significa la abolición de la ley, ya que tal cosa es una imposibilidad. Es tan permanente como el trono de Dios. No importa lo que el hombre diga sobre la ley, ni cuanto la pisotee y desprecie, la ley continúa inamovible. La única manera en la que el hombre puede hacer nula la ley es dejándola sin efecto en su corazón, mediante su desobediencia. Así, en Números 30:14,15, un voto que ha sido quebrantado, se dice que ha sido anulado o deshecho. De manera que, cuando el apóstol dice que no deshacemos la ley por la fe, quiere decir que la fe y la desobediencia son incompatibles. Poco importa la profesión de fe del que quebranta la ley, el hecho de que sea un transgresor de la ley denuncia su ausencia de fe. Por el contrario, la posesión de la fe se demuestra por el establecimiento de la ley en el corazón, de forma que el hombre no peca contra Dios. Que nadie infravalore la fe, ni por un instante.

Pero ¿no dice el apóstol Santiago que la fe sola no puede salvar a nadie, y que la fe sin obras está muerta? Consideremos brevemente sus palabras.

Demasiados las han convertido, aunque sin mala intención, en legalismo mortal. Él si afirma que la fe sin obras es muerta, lo que concuerda plenamente con lo dicho anteriormente. Si la fe sin obras es muerta, es porque la ausencia de obras revela la ausencia de fe; porque lo que está muerto no tiene existencia. Si el hombre tiene fe, las obras aparecerán necesariamente, y él no se jactará de una ni de las otras; ya que la fe excluye la jactancia (Romanos 3:27).

La jactancia se manifiesta solamente entre aquellos que confían en las obras muertas, o entre aquellos cuya profesión de fe es una burla vacía.

¿Qué hay, pues, de Santiago 2:14, que dice: "Hermanos míos, qué aprovechará si alguno dice que tiene fe, y no tiene obras? ¿Podrá la fe salvarle?". La respuesta implícita es, naturalmente, que no podrá. ¿Por qué no podrá la fe salvarle? Porque no la tiene.

¿De qué aprovecha si un hombre dice que tiene fe, mientras que por su malvado curso de acción demuestra que no la tiene? ¿Debemos negar el poder de la fe simplemente porque no actúa en el hombre que hace una falsa profesión de ella? Pablo habla a quienes profesan conocer a Dios, mientras que lo niegan con los hechos (Tito 1:16). El hombre al que se refiere Santiago pertenece a esta clase. El hecho de que no tenga buenas obras –o frutos del Espíritu–, muestra que no tiene fe, a pesar de qué ruidosamente lo profese; de forma que la fe, efectivamente, no puede salvarlo; porque la fe no tiene poder para salvar a aquel que no la posee.

Capítulo 6

Cristo, el fin de la ley

Ellet Waggoner

EN Romanos 10:4, leemos: "Porque el fin de la ley es Cristo, para justicia a todo aquel que cree". Antes de analizar lo que el texto quiere decir, consideraremos brevemente lo que el texto no quiere decir. No significa que Cristo ha puesto fin a la ley, ya que (1) Cristo mismo dijo, a propósito de la ley, "no he venido para abrogar" (Mateo 5:17). (2) El profeta dijo que, lejos de abolirla, "Jehová se complació por amor de su justicia en magnificar la ley y engrandecerla" (Isaías 42:21). (3) La ley estaba en el propio corazón de Cristo: "Entonces dije: He aquí, vengo; en el rollo del libro está escrito de mí: El hacer tu voluntad, Dios mío, me ha agradado; y tu ley está en medio de mi corazón" (Salmos 40:7,8). Y, (4) puesto que la ley es la justicia de Dios, el fundamento de su gobierno, su abolición es una imposibilidad absoluta (ver Lucas 16:17).

Sin duda el lector sabe que la palabra "fin" no significa necesariamente "terminación". Se la emplea frecuentemente con el sentido de designio, finalidad, objeto o propósito. En 1ª de Timoteo 1:5, el mismo autor dijo: "El fin del mandamiento es la caridad nacida de corazón limpio, y de buena conciencia, y de fe no fingida". El término "caridad" que aparece aquí, se traduce mejor por "amor", tal como reflejan las versiones [Reina Valera] más recientes. En 1ª de Juan 5:3 leemos: "Este es el amor de Dios, que guardemos sus mandamientos"; y el mismo Pablo afirma que "el amor es el cumplimiento de la ley" (Romanos 13:10). En ambos textos se emplea la misma palabra ágape que encontramos en 1ª de Timoteo 1:5.

Por lo tanto, el texto significa que el propósito del mandamiento (o ley) es que fuese obedecido. Todos reconocerían esto como un hecho evidente. Pero ese no es el objetivo último de la ley. En el versículo siguiente al que estamos considerando, Pablo cita a Moisés, quien afirmó "que el hombre que hiciere estas cosas, vivirá por ellas". Cristo dijo al joven rico, "si quieres entrar en la vida, guarda los mandamientos" (Mateo 19:17). Ahora, puesto que el propósito de la ley era que fuese obedecida, o, dicho de otro modo, que produjese caracteres rectos; y la promesa es que aquellos que son obedientes vivirán; podemos concluir que el propósito definitivo de la ley era dar vida. Y en armonía con este pensamiento, están las palabras de Pablo, "el mismo Mandamiento, destinado a dar vida..." (Romanos 7:10).

Pero, "por cuanto todos pecaron, y están destituidos de la gloria de Dios", y por cuanto "la paga del pecado es muerte", resulta imposible para la ley cumplir su propósito de producir caracteres perfectos y de dar vida en consecuencia. Cuando un hombre quebrantó ya la ley, ninguna obediencia subsecuente puede hacer jamás perfecto su carácter, de manera que la ley que había sido destinada a dar vida, resultó dar muerte (Romanos 7:10).

Si nos detuviésemos aquí, con la ley incapaz de cumplir su propósito, dejaríamos a todo el mundo bajo la condenación y sentencia de muerte. Ahora veremos que Cristo capacita al hombre para asegurar tanto la justicia como la vida. Leemos que, "somos justificados gratuitamente por su gracia, por la redención que es en Cristo Jesús" (Romanos 3:24). Por lo tanto, siendo: "Justificados pues por la fe, tenemos paz para con Dios por medio de nuestro Señor Jesucristo" (Romanos 5:1). Más que eso, nos capacita para guardar la ley, "Al [Cristo] que no conoció pecado, [Dios] lo hizo pecado por nosotros, para que nosotros fuésemos hechos justicia de Dios en Él" (2ª Corintios 5:21). Por lo tanto, para nosotros es posible el ser hechos perfectos en Cristo –la justicia de Dios–, y eso es precisamente lo que habríamos sido, en el caso de que hubiésemos mantenido una obediencia constante e invariable a la ley.

Leemos nuevamente: "Ahora pues, ninguna condenación hay para los que están en Cristo Jesús, los que no andan conforme a la carne, más conforme al Espíritu... porque lo que era imposible a la ley, por cuanto era débil por la carne, Dios enviando a su Hijo en semejanza de carne de pecado, y a causa del pecado, condenó al pecado en la carne; para que la justicia de la ley fuese cumplida en nosotros, que no andamos conforma a la carne, más conforme al Espíritu" (Romanos 8:1-4). ¿Qué es lo que era imposible a la ley? –No podía liberar de la condenación ni a una sola alma culpable. ¿Por qué no? –Por cuanto era débil por la carne. No hay elementos de debilidad en la ley: la debilidad está en la carne. No es culpa de una buena herramienta que no pueda hacer un pilar de sonido a partir de un palo podrido. La ley no podía limpiar el registro pasado de un hombre, y hacerlo libre de pecado; y el hombre caído y desvalido no tenía fuerza remanente en su carne que lo habilitase para guardar la ley. De manera que Dios imputa a los creyentes la justicia de Cristo, que fue hecho en semejanza de carne de pecado, "para que la justicia de la ley fuese cumplida" en sus vidas. Y así, el fin de la ley es Cristo.

Diremos, concluyendo, que el propósito de la ley era dar vida, al ser obedecida. Todos los hombres han pecado, y han sido sentenciados a muerte. Pero Cristo tomó sobre sí mismo la naturaleza humana, e impartirá de su propia justicia a quienes acepten su sacrificio, y finalmente cuando vienen a ser, por medio de Él, hacedores de la ley, entonces cumplirá en ellos su propósito último, coronándolos de vida eterna. Y así repetimos que no podemos tan plenamente apreciar que Cristo Jesús nos ha sido hecho, por Dios, "sabiduría, y justificación, y santificación, y redención".

Capítulo 7

La vida inconquistable

Ellet Waggoner

"EN Él estaba la vida, y la vida era la luz de los hombres. Y la luz en las tinieblas resplandece; mas las tinieblas no la comprendieron" (Juan 1:4,5).

Una traducción más correcta es: "más las tinieblas no pudieron apagarla", que provee gran ánimo al creyente. Veamos en qué consiste.

Cristo es la luz del mundo. Ver Juan 8:12. Pero su luz es su vida, tal como indica el texto introductorio. Nos dice: "Yo soy la luz del mundo: el que me sigue, no andará en tinieblas, más tendrá la luz de la vida". El mundo entero estaba sumido en las tinieblas del pecado. Tal oscuridad era consecuencia de la falta del conocimiento de Dios; como dijo el apóstol Pablo de aquellos otros gentiles, que "teniendo el entendimiento entenebrecido, ajenos de la vida de Dios por la ignorancia que en ellos hay, por la dureza de su corazón" (Efesios 4:18).

Satán, el gobernante de las tinieblas de este mundo, había hecho todo lo posible para engañar al hombre en cuanto al verdadero carácter de Dios. Él había hecho creer al mundo que Dios era como el hombre: cruel, vengador, dado a la pasión. Hasta los judíos, el pueblo que Dios había elegido para ser el portador de su luz al mundo, se había apartado de Dios, y si bien profesaban estar separados de los paganos, se vieron envueltos en las tinieblas del paganismo. Entonces vino Cristo, y "el pueblo asentado en tinieblas vio gran luz; y a los sentados).

Su nombre fue Emmanuel, Dios con nosotros. "Dios estaba en Cristo" 2ª Corintios 5:19).

Dios desmintió las falsedades de Satanás, no mediante argumentos dialécticos, sino simplemente viviendo su vida entre los hombres, de manera que todos pudieran verla. Él [Cristo] demostró el poder de la vida de Dios y la posibilidad de que se manifieste en los hombres.

La vida que Cristo vivió fue sin mancha de pecado. Satanás ejerció todas sus artes poderosas, sin embargo, no pudo afectar a esa vida impecable. Su luz brilló siempre con fulgor perenne. Debido a que Satanás no pudo manchar su vida con la más leve sombra de pecado, este no pudo retenerlo bajo el poder de la tumba. Nadie pudo tomar la vida de Cristo de sí; Él la ofreció voluntariamente. Y por la misma razón, tras haberla depuesto, Satanás no pudo evitar que Él la tomase de nuevo. Jesús dijo: "Yo pongo mi vida, para volverla a tomar. Nadie me la quita, más yo la pongo de mí mismo. Tengo poder para ponerla y tengo poder para volverla a tomar. Este mandamiento recibí de mi Padre" (Juan 10:17,18).

Al mismo efecto van dirigidas las palabras del apóstol Pedro, relativas a Cristo: "A quien Dios resucitó, habiendo soltado los dolores de la muerte, por cuanto era imposible ser retenido por ella" (Hechos 2:24). Quedó así demostrado el derecho del Señor Jesucristo a ser hecho sumo sacerdote "según la virtud de vida indisoluble" (Hebreos 7:16).

Esa vida infinita, inmaculada, Cristo la da a todo el que cree en Él. "Como le has dado potestad sobre toda carne, para que dé vida eterna a todos los que le diste. Y ésta es la vida eterna: Que te conozcan a ti, el único Dios verdadero, y a Jesucristo, a quien tú has enviado" (Juan 17:2,3). Cristo mora en los corazones de todos aquellos que creen en Él. "Con Cristo estoy juntamente crucificado, y vivo, no ya yo, más vive Cristo en mí: y lo que ahora vivo en la carne, lo vivo en la fe del Hijo de Dios, el cual me amó, y se entregó a sí mismo por mí" (Gálatas 2:20). (Ver también Efesios 3:16,17.).

Cristo –la Luz del mundo– al morar en los corazones de sus seguidores, los constituye en la luz del mundo. Su luz no proviene de ellos mismos, sino de Cristo que mora en ellos. Su vida no viene de ellos mismos; sino que es la vida de Cristo manifestada en su carne mortal. Esta luz viviente que viene de Dios, fluye en un caudal ininterrumpido.

El Salmista exclama: "Porque contigo está el manantial de la vida: en tu luz veremos la luz" (Salmos 36:9). "Después me mostró un río limpio de agua de vida, resplandeciente como cristal, que salía del trono de Dios y del Cordero" (Apocalipsis 22:1). "Y el Espíritu y la Esposa dicen: Ven. Y el que oye diga: Ven. Y el que tiene sed, venga: y el que quiere, tome del agua de la vida gratuitamente" (Apocalipsis 22:17).

"Y Jesús les dijo: De cierto, de cierto os digo: Si no comiereis la carne del Hijo del hombre, y bebiereis su sangre, no tendréis vida en vosotros. El que come mi carne y bebe mi sangre, tiene vida eterna: y yo le resucitaré en el día postrero" (Juan 6:53,54). Esa vida de Cristo la comemos y bebemos al sentarnos a la mesa de su Palabra, ya que añade, "El Espíritu es el que da vida; la carne nada aprovecha: las palabras que yo os he hablado, son espíritu, y son vida" (vers. 63). Cristo mora en su Palabra inspirada, y a través de ella obtenemos su vida. Esa vida es dada gratuitamente a todo aquel que la recibe, como acabamos de leer; y leemos nuevamente que Jesús se puso en pie y clamó, diciendo: "Si alguno tiene sed, venga a mí y beba" (Juan 7:37).

Esa vida es la luz del cristiano, y es lo que le hace ser una luz para otros. Es su vida, la vida de Cristo; la bendita seguridad para él, de que no importa a través de cuán densas tinieblas tenga que pasar, las tinieblas no tendrán poder para apagar esa luz. Esa luz de vida es suya, por tanto, tiempo como ejercite la fe, y las tinieblas no puedan afectarla. Por lo tanto, que todo aquel que profesa el nombre del Señor cobre ánimo, diciendo: "No te alegres de mí, oh enemiga mía, porque, aunque caiga, me volveré a levantar; aunque more en tinieblas, Jehová será mi luz" (Miqueas 7:8).

Capítulo 8

Fe

Ellet Waggoner

"TODO lo que no es de fe, es pecado" (Romanos 14:23). Es por eso que "justificados –hechos justos– pues por la fe, tenemos paz para con Dios por medio de nuestro Señor Jesucristo" (Romanos 5:1).

Es por eso que "justificados –hechos justos– pues por la fe, tenemos paz para con Dios por medio de nuestro Señor Jesucristo" (Romanos 5:1).

Es la fe, y no las obras, aquello mediante lo cual el hombre es salvo. "Porque por gracia sois salvos por la fe; y esto no de vosotros, pues es don de Dios: No por obras, para que nadie se gloríe" (Efesios 2:8,9). "¿Dónde pues está la jactancia? Es excluida. ¿Por cuál ley? ¿de las obras? No; más por la ley de la fe. Así que, concluimos que el hombre es justificado por fe sin las obras de la ley" (Romanos 3:27,28).

El evangelio excluye la jactancia, y ésta es la consecuencia natural de todo intento de justificación por las obras; sin embargo, el evangelio no excluye las obras. Todo lo contrario, las obras –las buenas obras– son el gran objetivo del evangelio. "Porque somos hechura suya, creados en Cristo Jesús para buenas obras, las cuales Dios preparó para que anduviésemos en ellas" (Efesios 2:10).

No hay aquí la más mínima contradicción. La distinción está entre nuestras obras y las obras de Dios. Nuestras obras son siempre deficientes; las obras de Dios son siempre perfectas; por lo tanto, a fin de ser perfectos, son las obras de Dios las que necesitamos. Pero nosotros no somos capaces de hacer las obras de Dios, ya que Él es infinito, y nosotros somos nada. El que alguien pueda creerse capaz de hacer las obras de Dios significa la mayor presunción imaginable. Sonreímos cuando un niño de cinco años imagina que puede hacer el trabajo de su padre. ¡Cuánto más insensato para el insignificante ser humano, el que piense que puede hacer las obras del Todopoderoso!

La bondad no es algo abstracto; es acción, y la acción es exclusiva de los seres vivos. Y puesto que sólo Dios es bueno, son solamente sus obras las que tienen valor. Solamente el hombre que tiene las obras de Dios es justo. Pero puesto que ningún hombre puede hacer las obras de Dios, se deduce necesariamente que Dios nos las debe dar a nosotros, si es que hemos de ser salvos. Y eso es precisamente lo que Él hace para todo aquel que cree.

Cuando los judíos, en su suficiencia propia, preguntaron, "¿Qué haremos para que obremos las obras de Dios?". Jesús respondió, "Esta es la obra de Dios, que creáis en el que Él ha enviado" (Juan 6:28,29). La fe obra (Gálatas 5:6; 1ª Tesalonicenses 1:3). Trae las obras de Dios al creyente, ya que Cristo habita en el corazón (Efesios 3:17), y en Él está toda la plenitud de Dios (Colosenses 2:9). "Jesucristo es el mismo ayer, y hoy, y por los siglos" (Hebreos 13:8), por lo tanto, Dios no sólo estaba, sino que está en Cristo, reconciliando el mundo consigo mismo. Así que, si Cristo mora en el corazón por la fe, las obras de Dios serán manifestadas en la vida; "Porque Dios es el que en vosotros obra así el querer como el hacer, por su buena voluntad" (Filipenses 2:13).

¿Cómo sucede tal cosa? No está a nuestro alcance el comprenderlo. No necesitamos saber el mecanismo por el que así ocurre, puesto que no somos nosotros quienes lo debemos realizar. Nos basta con el hecho. No podemos hacer las obras de Dios por nosotros mismos, y mucho menos comprender como es que Él las hace. Así, la vida del cristiano es siempre un misterio, incluso para el propio cristiano. Es una vida escondida con Cristo en Dios (Colosenses 3:3). Está escondida incluso de la propia vista del cristiano. Cristo en el hombre, la esperanza de gloria, es el misterio del evangelio (Colosenses 1:27).

En Cristo somos creados para buenas obras que Dios preparó de antemano para nosotros. Debemos simplemente aceptarlas por la fe. La aceptación de esas buenas obras es la aceptación de Cristo. ¿Cuán "de antemano" preparó Dios esas buenas obras para nosotros? "Sus obras fueron acabadas desde el principio del mundo. Porque en un cierto lugar dijo así del séptimo día: Y reposó Dios de todas sus obras en el séptimo día. Y otra vez aquí: [los incrédulos] no entrarán en mi reposo" (Hebreos 4:3-5). "Pero nosotros que hemos creído entramos en el reposo" (*ibíd.*).

Por lo tanto, el sábado –el séptimo día de la semana– es el reposo de Dios. Dios dio el sábado como una señal por medio de la cual el hombre pudiera saber que Él es Dios, y que es Él quien santifica (Ezequiel 20:12,20).

La observancia del sábado no tiene absolutamente nada que ver con la justificación por las obras, sino que, muy al contrario, es la marca y sello de la justificación por la fe; es la señal de que el hombre desecha sus propias obras pecaminosas y acepta las obras perfectas de Dios. Debido a que el sábado no es una obra, sino un reposo, es la señal de nuestro reposo en Dios por medio de la fe en nuestro Señor Jesucristo.

Ningún otro día de la semana que no sea el séptimo, puede ser la señal del perfecto reposo en Dios, ya que solamente en ese día reposó Dios de todas sus obras. Es el descanso del séptimo día, en el que declara que los incrédulos no pueden entrar.

Sólo ese, de entre los días de la semana, es el día de reposo, y está inseparablemente relacionado con la perfecta obra de Dios.

En los otros seis días, incluyendo el primero, Dios obró. En ellos podemos y debemos también nosotros hacer lo mismo. Sin embargo, en cada uno de ellos, podemos y debemos también descansar en Dios. Tal será el caso si nuestras obras "son hechas en Dios" (Juan 3:21). Así, el hombre debería descansar en Dios cada día de la semana, pero solamente el séptimo día puede ser el sello de ese reposo.

Hay dos cosas que cabe destacar, como conclusiones evidentes de las verdades ya consideradas. Una es que apartar otro día diferente del séptimo, como señal de aceptación de Cristo y de reposo en Dios, a través de Él, constituye en realidad una señal de rechazo hacia Él. Puesto que tal cosa significa la sustitución del camino de Dios por el camino del hombre, significa en realidad la señal de la asunción de superioridad del hombre con respecto a Dios, y de la noción de que el hombre puede salvarse a sí mismo por sus propias obras.

No todos los que observan un día diferente del sábado lo hacen con una conciencia tal, desde luego. Hay muchos que aman sinceramente al Señor, que lo aceptan humildemente, y que no obstante observan otro día diferente al que Dios ha dado como el sello del reposo en Él. Es porque, sencillamente, todavía no han aprendido la expresión plena y cabal de la fe. Pero su sinceridad, y el hecho de que Dios acepta su fe no fingida, no cambia el hecho de que el día que ellos observan es el símbolo de la exaltación del hombre por encima de Dios. Cuando oigan la advertencia misericordiosa de Dios, abandonarán el símbolo de la apostasía como lo harían con un pozo de agua, al saber que está contaminado.

El otro punto es que nadie puede ser forzado a guardar el sábado, ya que ésta es una señal de fe, y nadie puede ser forzado a creer.

La fe viene espontáneamente como resultado de oír la palabra de Dios. Nadie puede ni siquiera forzarse a sí mismo a creer, y mucho menos forzar alguna disposición a otro. Violentando a un hombre, puede dejarse llevar del temor hasta el punto de hacerle decir que cree, y que actúe como si creyera

Es decir, el hombre que teme al hombre, en lugar de temer a Dios, puede ser forzado a mentir. Pero "ninguna mentira procede de la verdad". Por lo tanto, puesto que el sábado es la señal de la perfecta fe, es la señal de la perfecta libertad –"la libertad gloriosa de los hijos de Dios"– la libertad que da el Espíritu; ya que el sábado, como parte de la ley de Dios, es espiritual. Y así, finalmente, que nadie se engañe a sí mismo pensando que la observancia exterior de incluso el día de reposo señalado por Dios –el séptimo día– sin fe y confianza en la palabra de Dios solamente, significa guardar el sábado de Dios. Porque "todo lo que no es de fe, es pecado" (Romanos 14:23).

Capítulo 9

Gracia sin medida y sin precio

Alonzo Jones

"EMPERO a cada uno de nosotros es dada la gracia conforme a la medida del don de Cristo" (Efesios 4:7).

La medida del don de Cristo es "toda la plenitud de la divinidad corporalmente".

Esto es cierto, tanto si lo vemos como la medida de ese regalo que Dios hizo en dar a Cristo o como la medida del regalo que Cristo mismo dio. Ya que el don que Dios dio es su Hijo unigénito, y "en Él habita toda la plenitud de la divinidad corporalmente" (Colosenses 2:9).

Por lo tanto, desde este punto de vista, la medida del don de Cristo es la medida de la plenitud de la divinidad corporalmente, y ésta es la única medida de la gracia que nos es dada a cada uno de nosotros, se deduce que a cada uno de nosotros se nos ha dado gracia sin medida, simplemente gracia ilimitada.

Desde el punto de vista de la medida del don en el cual Cristo mismo se nos da a nosotros, sucede lo mismo; porque "Se dio a sí mismo por nosotros", se entregó por nuestros pecados, y en ello, se dio a sí mismo a nosotros. Puesto que en Él habitaba toda la plenitud de la divinidad corporalmente, y puesto que se dio a sí mismo, concluimos que la medida del don de Cristo, en lo que a Él respecta, es también la medida de la plenitud de la divinidad corporalmente.

Por lo tanto, desde este punto de vista concluimos también que la medida de la gracia que se nos da a cada uno, es la medida de la plenitud de su divinidad. Sencillamente, inconmensurable.

Se mire como se mire, la clara palabra del Señor es que a cada uno de nosotros es dada la gracia según la medida de la plenitud de la divinidad corporalmente; es decir, gracia sin medida, sin límites: toda su gracia que Él posee. Eso es bueno. Es cosa del Señor, es propio de Él, ya que Él es bueno.

Toda esa gracia ilimitada se nos da enteramente de forma gratuita "a cada uno de nosotros". A todos, a ti y a mí, tal como somos. Todo eso es bueno. Necesitamos precisamente toda esa gracia a fin de ser hechos lo que el Señor quiere que seamos. Y Él es tan bondadoso como para dárnoslo todo gratuitamente, para que verdaderamente podamos ser lo que Él quiere que seamos.

El Señor quiere que cada uno de nosotros seamos salvos, plenamente salvos. Y con ese fin nos ha dado la misma plenitud de la gracia, ya que es la gracia la que trae la salvación. Porque escrito está, "la gracia de Dios que trae salvación a todos los hombres, se manifestó" (Tito 2:11). Así, el Señor quiere que todos sean salvos, por lo tanto, dio toda su gracia, trayendo salvación a todos los hombres.

Toda la gracia de Dios se da gratuitamente a cada uno, trayendo salvación a todos los hombres. El que la reciban todos, o solamente algunos, es otra cuestión. Lo que ahora estamos considerando es la verdad y el hecho de que Dios la ha dado. Habiéndolo dado todo, no queda ninguna duda, aun siendo cierto que el hombre pueda rechazarlo.

El Señor quiere que seamos perfectos, y así está escrito: "Sed, pues, vosotros perfectos, como vuestro Padre que está en los cielos es perfecto" (Mateo 5:48). Deseando que seamos perfectos, nos ha dado a cada uno toda su gracia que Él posee, trayendo la plenitud de su salvación a fin de presentar a todo hombre perfecto en Cristo Jesús.

El auténtico propósito de ese don de su gracia infinita es que podamos ser hechos semejantes a Jesús, quien es la imagen de Dios.

Así pues, leemos: "A cada uno de nosotros es dada la gracia conforme a la medida del don de Cristo… para perfección de los santos… hasta que todos lleguemos a la unidad de la fe y del conocimiento del Hijo de Dios, a un varón perfecto, a la medida de la edad de la plenitud de Cristo" (Efesios 4:7-13).

¿Quieres ser semejante a Jesús? Entonces recibe la gracia tan plena y libremente dada por Él. Recíbela en la medida en que Dios la ha dado, no en la medida en la que tú piensas que la mereces. Entrégate a ella, a fin de que pueda obrar en ti, y para ti, el asombroso propósito para el que ha sido dada, y así sucederá. Te hará semejante a Jesús. Cumplirá el propósito y la voluntad de Aquel que la dio. "Entregaos a Dios". "Os exhortamos también a que no recibáis en vano la gracia de Dios" (2ª Corintios 6:1).

Capítulo 10

¿Gracia o pecado?

Alonzo Jones

Nunca insistiremos demasiado en que bajo el reino de la gracia es tan fácil hacer el bien, como bajo el reino del pecado es hacer el mal. Tiene que ser así; ya que, si en la gracia no hay más poder que en el pecado, no puede haber salvación del pecado. Pero la hay, ninguno que crea en Cristo puede negarlo.

Sin embrago, la salvación del pecado ciertamente depende de que haya más poder en la gracia que en el pecado. Entonces, habiendo más poder en la gracia que en el pecado, no puede ser de otra manera, donde quiera la gracia tenga el control será tan fácil hacer lo correcto, así como será fácil hacer lo incorrecto en ausencia de la misma.

Ningún hombre encontró difícil hacer el mal, de forma natural. Su gran dificultad ha sido siempre hacer el bien. Eso es así porque de forma natural el hombre es esclavo de un poder –el poder del pecado–, que es absoluto en su reino. Y por tanto tiempo como ese poder gobierne, no es solo difícil sino imposible hacer el bien que conoce y desea. Pero permítase que gobierne un poder más poderoso que ese, y entonces ¿no está claro que será tan fácil servir a la voluntad del poder más poderoso, cuando éste gobierne, como lo fue el servir a la voluntad del otro poder, cuando reinaba?

Pero la gracia no es simplemente más poderosa que el pecado. Si eso fuese realmente todo, incluso entonces habría esperanza plena y buen ánimo para todo pecador en el mundo. Pero eso, ventajoso como sería, no lo es todo; hay más: Hay mucho más poder en la gracia que en el pecado. "Donde abundó el pecado, tanto más sobreabundó la gracia". Y de la misma forma en que hay mucho más poder en la gracia que en el pecado, así también hay mucha más esperanza y buen ánimo para cada pecador en el mundo.

Entonces, ¿cuánto más poder hay en la gracia que en el pecado? Permíteme que piense un momento. Permíteme que me haga un par de preguntas. ¿De dónde viene la gracia? –De Dios, para estar seguro: "Gracia y paz de Dios nuestro Padre, y del Señor Jesucristo" Efesios1:2). ¿De dónde viene el pecado? –Del diablo, desde luego. El pecado es del diablo, porque el diablo peca desde el principio (1ª Juan 3:8). Bien, entonces, ¿cuánto más poder hay en la gracia que en el pecado? Esta tan claro como que dos más dos suman cuatro, que hay mucho más poder en la gracia que en el pecado, así como hay mucho más poder en Dios que en el diablo.

Queda igualmente claro que el reino de la gracia es el reino de Dios, y que el reino del pecado es el reino de Satán. ¿No resulta también igualmente patente que es tan fácil servir a Dios por el poder de Dios, como fácil servir a Satán por el poder de éste?

La dificultad está en que muchos intentan servir a Dios con el poder de Satán. Pero eso nunca debe hacerse.

"O haced el árbol bueno, y su fruto bueno, o haced el árbol corrompido y su fruto dañado" (Mateo 12:33). El hombre no puede coger uvas de los espinos, ni higos de los abrojos. El árbol debe ser hecho bueno, raíz y rama. Tiene que ser renovado. "Es necesario nacer de nuevo" Juan 3:7). "Porque en Cristo Jesús, ni la circuncisión vale nada, ni la incircuncisión, sino la nueva criatura" (Gálatas 6:15).

Que nadie intente servir a Dios con nada que no sea el actual poder viviente de Dios, que lo hace una nueva criatura; con nada que no sea la superabundante gracia que condena al pecado en la carne, y que reina en justicia para vida eterna, por Cristo Jesús Señor nuestro. Entonces el servicio de Dios será verdaderamente "en novedad de vida"; entonces su yugo vendrá a ser "fácil" en verdad, y su carga "ligera" (Mateo 11:30). Entonces os alegraréis "con gozo inefable y glorificado" en su servicio.

¿Encontró Jesús alguna vez difícil hacer el bien? Todos diremos rápidamente, No. Pero ¿por qué? Él fue tan humano como lo somos nosotros. Él tomó la misma carne y sangre que nosotros. "Y aquel Verbo fue hecho carne, y habitó entre nosotros" (Juan 1:14). Y el tipo de carne del que "fue hecho" fue precisamente del que existía en este mundo. "Debía ser en todo semejante a los hermanos" (Hebreos 2:17). "¡En todo!". No dice en casi todo. No hay excepción. Jesús fue hecho en todo como nosotros. Él fue, por Él mismo, tan débil como lo somos nosotros, ya que dijo: "No puedo yo hacer nada de mí mismo" (Juan 5:30).

¿Por qué, pues, siendo hecho en todo como nosotros, le fue siempre fácil hacer el bien? Porque nunca confió en sí mismo, sino que su confianza fue siempre solamente en Dios. Dependió enteramente de la gracia de Dios. Siempre buscó servir a Dios, solamente con el poder de Dios. Por lo tanto, el Padre moró en Él, e hizo las obras de justicia. Por lo tanto, siempre le resultó fácil hacer el bien.

Pero como Él, así estamos nosotros en este mundo. Nos ha dejado un ejemplo, para que podamos caminar en sus pasos. "Dios es el que en vosotros obra así el querer como el hacer, por su buena voluntad" (Filipenses 2:13), lo mismo que sucedió en Él. Todo el poder en el cielo y en la tierra le es dado, y Él desea que puedas ser fortalecido con toda la fuerza, de acuerdo con su poder glorioso. "En Él habita toda la plenitud de la divinidad corporalmente" Colosenses 2:9); y Él te fortalece con poder por su Espíritu en el hombre interior, para que Cristo pueda morar en tu corazón por fe, para "que seáis llenos de toda la plenitud de Dios" (Efesios 3:17,19).

Ciertamente, Cristo participó de la naturaleza divina, y así lo hacéis vosotros, si sois hijos de la promesa, y no de la carne; ya que mediante las promesas sois "hechos participantes de la naturaleza divina" (2ª Pedro 1:4). No se le dio nada a Él y no tenía nada en este mundo que no sea libremente dado a ti o que tu no puedas tener.

Todo eso es con el fin de que puedas andar en novedad de vida, no sirviendo así al pecado de ahora en adelante; para que seas siervo únicamente de la justicia; para que puedas ser liberado del pecado; para que el pecado no tenga más dominio sobre ti; para que puedas glorificar a Dios en la tierra; y para que puedas ser semejante a Jesús. Por lo tanto, "a cada uno de nosotros es dada la gracia conforme a la medida del don de Cristo… hasta que todos lleguemos a la unidad de la fe y del conocimiento del Hijo de Dios, a un varón perfecto, a la medida de la edad de la plenitud de Cristo" (Efesios 4:13). Y "os exhortamos también a que no recibáis en vano la gracia de Dios" (2ª Corintios 6:1).

Capítulo 11

No recibáis en vano la gracia de Dios

Alonzo Jones

¿ESTÁ al alcance de todo creyente la gracia suficiente para guardarlo de pecar? Sí, ciertamente. Todos pueden tener la gracia suficiente para ser guardados de pecar. Se ha dado gracia abundante, y precisamente con ese propósito. Si alguien no la posee, no es porque no se haya dado suficiente; sino que desaprovecha aquella que ha sido dada. "A cada uno de nosotros es dada la gracia conforme a la medida del don de Cristo" (Efesios 4:7).

La medida del don de Cristo es Él mismo en su plenitud, y eso es la medida de "toda la plenitud de la divinidad corporalmente". La plenitud de la divinidad es realmente inconmensurable, sin medida; no conoce límites, es simplemente lo infinito de Dios. Y esa es precisamente la medida de la gracia que se nos da a cada uno de nosotros. La infinita medida de la plenitud de la divinidad es lo único que puede expresar la proporción de gracia que se da a cada habitante de este mundo. Porque "donde se agrandó el pecado, tanto más sobreabundó la gracia". Esa gracia se da "para que, de la manera que el pecado reinó para muerte, así también la gracia reine por la justicia para vida eterna por Jesucristo Señor nuestro", y para que el pecado no se enseñoree de vosotros, pues no estáis bajo la ley, sino bajo la gracia.

Es también dada "para perfección de los santos". Su objetivo es llevar a cada uno a la perfección en Cristo Jesús – a esa perfección que es la medida plena del estándar de Dios, ya que es dada para la edificación del cuerpo de Cristo, "hasta que todos lleguemos a la unidad de la fe y del conocimiento el Hijo de Dios, a un varón perfecto, a la medida de la estatura de la plenitud de Cristo". Es dada "a cada uno de nosotros", "hasta que todos lleguemos" a la perfección, hasta la medida de la estatura de la plenitud de Cristo.

Una vez más, esta gracia es dada a cada uno, donde el pecado abunda; y trae salvación a todo aquel al que se le da. Trayendo salvación en sí misma, la medida de la salvación que trae a cada uno, es tan solo la medida de su propia plenitud, que es nada menos que la plenitud de la divinidad.

Puesto que se da gracia ilimitada a cada uno, trayendo salvación según la medida de su propia plenitud, si alguno no tiene salvación ilimitada, ¿por qué razón será? Simplemente porque no toma aquello que le es dado.

Puesto que a cada cual es dada la gracia sin medida, a fin de que ésta reine en él contra todo el poder del pecado –tan ciertamente como antes reinó el pecado– y a fin de que el pecado no tenga el dominio; entonces si el pecado todavía reina en alguien, si el pecado todavía tiene dominio en alguna persona, ¿dónde radica el problema? Sólo puede radicar en esto: en que él no permite que la gracia obre por él, y en él, aquello para lo que fue dada. Impide el progreso de la gracia de Dios por su incredulidad. En lo que a él concierne, la gracia de Dios se ha dado en vano.

Pero todo creyente, por su propia profesión, dice que ha recibido la gracia de Dios. Por lo tanto, si en el creyente no reina la gracia en lugar del pecado; si la gracia no tiene dominio en lugar del pecado, está muy claro que está recibiendo en vano la gracia de Dios. Si la gracia no está elevando al creyente hacia un varón perfecto, a la medida de la estatura de la plenitud de Cristo, entonces está recibiendo en vano la gracia de Dios. De ahí que la exhortación de la Escritura sea: "Como ayudadores juntamente con Él, os exhortamos también a que no recibáis en vano la gracia de Dios" (2ª Corintios 6:1).

La gracia de Dios es totalmente capaz de cumplir aquello para lo que es dada, si tan solo se le permite obrar.

Hemos visto que, puesto que la gracia proviene completamente de Dios, el poder de la gracia no es otra cosa que el poder de Dios. Está claro que el poder de Dios es sobradamente capaz de cumplir todo aquello para lo que es dado –la salvación del alma, liberación del pecado y del poder de éste, el reino de justicia en la vida y el perfeccionamiento del creyente hacía la medida de la estatura de la plenitud de Cristo–, tan solo si puede tener lugar en el corazón y en la vida para obrar de acuerdo con la voluntad de Dios. Pero el poder de Dios es "para salvación a todo aquel que cree". La incredulidad frustra la gracia de Dios. Muchos creen y reciben la gracia de Dios para la salvación de los pecados pasados, pero se contentan con eso, y no le dan el mismo lugar en el alma para que reine contra el poder del pecado. Esa no es sino otra fase de la incredulidad. Así, en lo que respecta al gran objetivo final de la gracia –la perfección de la vida en la semejanza de Cristo–, prácticamente reciben la gracia de Dios en vano.

"Como ayudadores juntamente con Él, os exhortamos también a que no recibáis en vano la gracia de Dios. (Porque dice: En tiempo aceptable te he oído, y en día de salvación te he socorrido. He aquí ahora el tiempo aceptable, he aquí ahora el día de salvación (2ª Corintios 6:2)): No dando a nadie ningún escándalo, porque el ministerio nuestro no sea vituperado". Ahora, ese "ministerio" no se refiere solamente al ministro ordenado para el púlpito; incluye a todo el que recibe la gracia de Dios, o que nombra el nombre de Cristo. Porque, "cada uno según el don que ha recibido, minístrelo a los otros, como buenos administradores de la multiforme gracia de Dios. Si alguno habla, hable conforme a la palabra de Dios; si alguno ministra, ministre conforme al poder que Dios da; para que en todo Dios sea glorificado por Jesucristo, al cual sea gloria e imperio para siempre jamás. Amén" (1ª Pedro 4:10,11).

Por lo tanto, no es su voluntad que se reciba la gracia de Dios en vano, a fin de que esa gracia y su bendita obra no puedan ser falsamente representadas ante el mundo, y que eso impida que los hombres se rindan a ella. Él no quiere que nadie reciba su gracia en vano, ya que cuando así sucede, se ocasiona verdaderamente "escándalo" a muchos, y el ministerio de la gracia es vituperado. Sin embargo, cuando la gracia de Dios no se recibe en vano, sino que se le da el lugar que le corresponde, no se dará "a nadie ningún escándalo", y el ministerio, no solamente no será vituperado, sino que será honrado.

Y a continuación, para mostrar cuán completo y abarcante será el reino de la gracia en la vida de quien no la reciba en vano, el Señor ha enumerado la siguiente lista, que incluye todo aquello en lo que hemos de tenernos como aprobados ante Dios.

Leámosla atentamente: "Antes, aprobándonos en todo como ministros de Dios, en mucha paciencia, en tribulaciones, en necesidades, en angustias; en azotes, en cárceles, en tumultos, en trabajos, en vigilias, en ayunos; en pureza, en ciencia, en longanimidad, en bondad, en el Espíritu Santo, en amor no fingido; en palabra de verdad, en poder de Dios, con armas de justicia a derecha e izquierda; por honra y por deshonra, por mala fama, y por buena fama; como engañadores, pero veraces; como desconocidos, pero bien conocidos; como moribundos, mas he aquí vivimos; como castigados, mas no muertos; como entristecidos, mas siempre gozosos; como pobres, mas enriqueciendo a muchos; como no teniendo nada, mas poseyéndolo todo" (2ª Corintios 6:4-10).

Esa lista incluye todas las experiencias posibles en la vida de un creyente, en este mundo. Muestra que allí donde no se reciba en vano la gracia de Dios, esa gracia tomará posesión y control de la vida, de manera que toda experiencia será tomada por la gracia, y nos hará aprobados ante Dios, edificándonos en la perfección hasta la medida de la estatura de la plenitud de Cristo. "Como ayudadores juntamente con Él, os exhortamos también a que no recibáis en vano la gracia de Dios".

Capítulo 12

Carne de pecado

Alonzo Jones

MUCHAS personas caen en un grave y pernicioso error. Esto consiste en pensar que su antigua carne de pecado es erradicada en la conversión. En otras palabras, cometen el error de pensar que la carne les será quitada, quedando así liberados de ella.

Entonces, cuando comprueban que tal cosa no ha sucedido, cuando ven que la misma vieja carne con sus inclinaciones, sus acosos y sus tentaciones, está aún allí; no están preparados y caen en el desánimo, y están prontos a concluir que jamás han estado realmente convertidos.

Sin embargo, si recapacitasen un poquito, podrían darse cuenta de que todo eso es un error. ¿Acaso no posees exactamente el mismo cuerpo, tras haber sido convertido, que el que tenías antes de la conversión? ¿No estaba ese cuerpo compuesto exactamente del mismo material –la misma carne, huesos, sangre– antes y después de convertirte? A esas preguntas todo el mundo contestará rápidamente, 'Sí'. Y simplemente esa es la verdad.

Hagámonos más preguntas: ¿No es esa carne exactamente de la misma cualidad que la anterior? ¿No sigue siendo carne humana, carne natural, tan ciertamente como era antes? A esas preguntas también responderán todos con un 'Sí'. Aún otra pregunta más: Siendo que la carne es la misma, de la misma cualidad –carne siempre humana–, ¿no sigue siendo carne tan pecaminosa como la anterior? Justo aquí es precisamente donde radica el error de esas personas. A ésta última pregunta, se sienten inclinados a responder, 'No', cuando debiera darse un 'Sí' decidido. Y este 'sí' decidido debe mantenerse así mientras permanezcamos en este cuerpo natural.

Cuando se acepta y reconoce constantemente que la carne de la persona convertida sigue siendo carne de pecado, y nada más que carne de pecado; la persona está tan plenamente convencida de que en su carne no mora el bien, que jamás permitirá ni una sombra de confianza en la carne. Siendo así, su sola dependencia será en algo muy distinto de la carne, que es en el Espíritu Santo de Dios; la fuente de su fortaleza y esperanza estará siempre fuera de la carne, estará exclusivamente en Jesucristo. Y estando siempre en guardia, vigilante y desconfiado de la carne, no esperará ninguna cosa buena a partir de ella, y así es preparado por el poder de Dios para rechazar y aplastar sin compasión cualquier impulso o sugerencia que provengan de ella. De esa manera, no cae, no se desanima, sino que va de victoria en victoria y de fortaleza en fortaleza.

Ves, pues, que la conversión no pone carne nueva sobre el antiguo espíritu, sino un nuevo Espíritu sobre la vieja carne. No se trata de una carne nueva sobre la antigua mente, sino una mente nueva sobre la antigua carne.

La liberación y la victoria no tienen lugar por la eliminación de la naturaleza humana, sino mediante la recepción de la naturaleza divina, para dominar y subyugar a la humana. No mediante la eliminación de la carne pecaminosa, sino mediante el envío del Espíritu sin pecado, que conquista y condena al pecado en la carne.

La Escritura no dice:

'Haya pues en vosotros esta carne que hubo también en Cristo', sino que dice, "Haya pues en vosotros este sentir [literal: mente] que hubo también en Cristo Jesús" (Filipenses 2:5).

La Escritura no dice, 'transformaos por la renovación de vuestra carne', sino "transformaos por la renovación de vuestra mente" (Romanos 12:2). Seremos finalmente trasladados por la renovación de nuestra carne, pero debemos ser transformados por la renovación de nuestra mente.

El Señor Jesús tomó la misma carne y sangre, la misma naturaleza humana que nosotros tenemos, carne como nuestra carne pecaminosa, y a causa del pecado, y por el poder del Espíritu de Dios mediante la mente divina que estaba en Él "condenó al pecado en la carne" (Romanos 8:3). Y ahí está nuestra liberación (Romanos 7:25), ahí nuestra victoria. "Haya pues en vosotros este sentir (mente) que hubo también en Cristo Jesús". "Y os daré corazón nuevo, y pondré Espíritu nuevo dentro de vosotros" (Ezequiel 36:26).

Nunca te desanimes a la vista de la pecaminosidad de la carne. Es solamente a la luz del Espíritu de Dios, y por el discernimiento de la mente de Cristo, que puedes ver tanta pecaminosidad en tu carne; y cuanta más pecaminosidad veas en ti, ciertamente más del Espíritu de Dios tienes. Es un indicativo seguro. Por lo tanto, cuando ves abundante pecaminosidad en ti, agradece a Dios por haberte dado mucho de su Espíritu que te ha permitido descubrir la mucha pecaminosidad; y ten la seguridad de que "... donde abundó el pecado, tanto más sobreabundó la gracia; para que, así como el pecado reinó para muerte, la gracia reine por medio de la justicia, para vida eterna, mediante nuestro Señor Jesucristo" (Romanos 5:20,21).

Capítulo 13

Un formalismo muerto (I)

Alonzo Jones

EL incrédulo Israel, careciendo de la justicia que es por la fe, y, por lo tanto, no apreciando el gran sacrificio que el Padre celestial había hecho, buscaba la justicia en virtud de la ofrenda misma, y debido al mérito de presentar tal ofrenda.

Se llegó así a pervertir cada fase del servicio (en el santuario), y todo lo que Dios había designado para ser el medio de expresión de una fe viviente, aquello que carecería de todo significado real, excepto por la presencia viviente y el poder de Cristo mismo en la vida. E incluso esto no fue suficiente. No encontrando la paz y el gozo de una justicia satisfecha en nada de lo anterior, acumuló sobre eso lo que el Señor había establecido con otro propósito, pero que ellos pervirtieron según designios de su propia invención –añadieron a esas cosas diez mil tradiciones, ordenanzas y distinciones caprichosas de su propia imaginación–, y todo, todo, con la vana esperanza de alcanzar la justicia. Ya que los rabinos enseñaron lo que prácticamente era una confesión de desesperación: "Si al menos una persona pudiese por un solo día guardar toda la ley, sin ofender en algún punto. Más aún, si tan solo una persona pudiese al menos guardar ese punto de la ley que afecta la debida observancia del sábado, entonces terminarían los problemas de Israel, y el Mesías vendría por fin" (Farrar, *Life and Work of St. Paul*, p. 37. Ver también pp. 36 y 83).

¿Qué podría describir más apropiadamente un formalismo muerto que esto? Y, sin embargo, a pesar de esa reconocida carencia en sus propias vidas, todavía se atribuían aún el mérito suficiente para que se considerasen mucho mejor que otras personas, que todos lo demás no eran más que perros en comparación a ellos.

No sucede tal cosa con quienes son tenidos por justos por el Señor, sobre una fe viva libremente ejercitada, ya que cuando el Señor tiene a un hombre por justo, este es realmente justo ante Dios, y por este mismo hecho es separado de entre todos los del mundo. Pero eso no sucede en virtud de ninguna excelencia en él mismo, ni por algún "mérito" en cualquier cosa que haya hecho. Es exclusivamente por la excelencia del Señor, y por lo que Él ha hecho. Y la persona que acepta esto, sabe que en sí misma no es mejor que ningún otro, sino que en la luz de la justicia de Dios que le es impartida gratuitamente, él, en la humildad de la verdadera fe, está pronto a estimar a los demás como mejores que a él mismo (Filipenses 2:3).

El darse gran crédito por lo que ellos mismos habían hecho, y tenerse en cuenta como mejores que todas las otras personas en base a los méritos de dichas obras, los condujo por completo a la justicia propia farisaica. Se creían tan superiores a los demás, que no podría haber alguna base posible de comparación. Les parecía una revolución en perfectas ruinas el predicar, como la verdad de Dios, que "no hay acepción de personas para con Dios" (Romanos 2:11). Y ¿qué hay de la realidad cotidiana de un pueblo tal, durante todo ese tiempo? –Oh, solamente una vida de injusticia y opresión, malicia y envidia, disensión y fingimiento, calumnia y habladuría, hipocresía y vileza; enorgulleciéndose de su alto honor por la ley de Dios, pero deshonrándolo al quebrantar su ley; con los corazones llenos de homicidios, y sus bocas clamando por la sangre de Uno de sus hermanos, mientras que se negaban a cruzar el pretorio (tribunal romano), ¡"por no ser contaminados"! Defensores rigurosos del sábado, pero pasando todo el santo día espiando traidoramente, y conspirando para asesinar.

Lo que Dios pensaba –y piensa aún– de todo eso, como claramente se muestra para nuestros propósitos actuales, en dos cortos pasajes de la Escritura. He aquí su palabra a Israel –las diez tribus– estando todavía en "tiempo aceptable": "Aborrecí, abominé vuestras solemnidades, y no me darán buen olor vuestras asambleas. Aunque me ofrezcáis holocaustos y vuestros presentes, no los aceptaré; ni miraré a las ofrendas de paz de vuestros animales engordados. Aleja de mí el ruido de tus cantos, que no escucharé las Salmosodias de tus instrumentos. Pero corra el juicio como las aguas, y la justicia como impetuoso arroyo" (Amós 5:21-24).

Y a Judá, aproximadamente en la misma época, dirigió palabras similares: "Príncipes de Sodoma, oíd la palabra de Jehová; escuchad la ley de nuestro Dios, pueblo de Gomorra. ¿Para qué a mí, dice Jehová, la multitud de vuestros sacrificios? Harto estoy de holocaustos de carneros, y de sebo de animales gruesos: No me deleito con la sangre de bueyes, ni de ovejas, ni de machos cabríos. ¿Quién demandó esto de vuestras manos, cuando viniereis a presentaros delante de mí, para hollar mis atrios? No me traigáis más vana ofrenda; el incienso me es abominación; lunas nuevas, sábados, y el convocar asambleas, no lo puedo soportar; son iniquidad vuestras fiestas solemnes. Vuestras lunas nuevas y vuestras fiestas solemnes aborrece mi alma; me son gravosas; cansado estoy de soportarlas. Cuando extendiereis vuestras manos, yo esconderé de vosotros mis ojos: asimismo cuando multiplicareis la oración, yo no oiré: llenas están de sangre vuestras manos. Lavad, limpiaos; quitad la iniquidad de vuestras obras de ante mis ojos; dejad de hacer lo malo: Aprended a hacer bien; buscad juicio, restituid al agraviado, haced justicia al huérfano, abogad por la viuda. Venid luego, dirá Jehová, y estemos a cuenta: si vuestros pecados fueren como la grana, como la nieve serán emblanquecidos: si fueren rojos como el carmesí, vendrán a ser como blanca lana" (Isaías 1:10-18).

El Señor mismo había establecido esos días de fiesta y esas solemnes asambleas, ofrendas ardientes, ofrendas de sacrificios animales y ofrendas de paz; pero ahora dice que las aborrece y que no las aceptará. Los suaves cantos, ejecutados por los coros bien adiestradas y acompañados de instrumentos musicales en pomposa exhibición, todo aquello que ellos tenían por delicada música, para Dios se había convertido en ruido, y no deseaba oírlo más. Él nunca había establecido ni un solo día de fiesta, ni asamblea solemne, ni sacrificio, ni ofrenda o canto, para ningún propósito tal como aquel para el cual fueron utilizados. Los había establecido como el medio de expresar, en actitud de adoración, una fe viviente por la cual el Señor mismo debería morar en el corazón y obrar justicia en la vida; de modo que, en justicia, ellos podrían juzgar al huérfano y amparar a la viuda; entonces el juicio podría correr como las aguas, y la justicia como impetuoso arroyo (Amós 5:24).

Los cantos entonados en la pompa y con la entonación elegante de un vano espectáculo, no son más que ruido; mientras que la sencilla expresión, "Padre nuestro", brotando de un corazón tocado por el poder de una fe viviente y verdadera, y "pronunciada con sinceridad por labios humanos, es música" que llega a nuestro Padre celestial, quien "ha inclinado a mí su oído" (Salmos 116:2), y trae bendición divina en fortaleza al alma. Esto y solo para esto es para lo que Él había establecido estas cosas; y jamás, jamás para ser usado en la hueca pretensión de un formalismo muerto para responder en justicia por la iniquidad de un corazón carnal. Nada sino la limpieza de los pecados por la sangre del Cordero de Dios, y la purificación del corazón por la fe viviente; nada sino sólo esto podría hacer aceptable, ante Dios, todas aquellas cosas que Él mismo estableció.

Capítulo 14

Un formalismo muerto (II)

Alonzo Jones

INCLUSO este lado de la cruz de Cristo (después de la cruz), el cual por sí mismo debería ser la destrucción eterna del formalismo, el mismo formalismo muerto, una profesión vacía, se ha exaltado así misma, y ha sido la perdición de la profesión de cristiandad en todas partes.

Muy pronto irrumpieron en la iglesia hombres no convertidos, y se exaltaron a sí mismos en el lugar de Cristo. No habiendo hallado la presencia viviente de Cristo en el corazón mediante una fe viva, han buscado desde entonces hacer que las formas del cristianismo suplan la falta de Su presencia, el único que puede dar sentido y vida a estas formas.

En este sistema de perversidad, la regeneración tiene lugar mediante la formalidad del bautismo, e incluso este, por la mera aspersión o sumersión de agua; y según sus creencias la presencia real de Cristo se encuentra en sus sagradas formas. La esperanza de la salvación, según el formalismo, radica en estar conectado con las formas de la iglesia. Y así sucesivamente a través de la lista completa de los formalismos del cristianismo; no estando satisfechos, ellos han apilado sobre esto, diez mil invenciones de su propia cosecha, como tradiciones y minucias caprichosas.

Y, como en la antigüedad y siempre con en el mero formalismo, la vida es simple y continuamente la manifestación de las obras de la carne: contiendas, pleitos, hipocresía e iniquidad, persecución, espionaje, traición y toda obra malvada. No obstante, el espíritu maligno de un formalismo muerto, se ha extendido, mucho más allá de las fronteras de la iglesia organizada. Esta es la perdición de la profesión de cristianismo, en todo lugar. E incluso, la profesión de cristianismo del mensaje del tercer ángel tampoco ha escapado totalmente a ello. Viene a ser el mal prevaleciente en los últimos días, hasta la misma venida del Señor en gloria, en las nubes de los cielos.

"Esto también sepas, que en los postreros días vendrán tiempos peligrosos: Porque habrá hombres amadores de sí mismos, avaros, vanagloriosos, soberbios, blasfemos, desobedientes a sus padres, malagradecidos, sin santidad, sin afecto, desleales, calumniadores, destemplados, crueles, aborrecedores de lo bueno, traidores, impulsivos, vanidosos, amadores de placeres más que amadores de Dios; teniendo apariencia de piedad, más negando la eficacia de ella: a éstos evita" (2ª Timoteo 3:1-5).

Todas esas predominantes formas de devoción sin poder, las cuales incluso niegan dicho poder, son el formalismo muerto contra el cual tenemos que luchar la buena batalla de la fe. La fe viva que es traída al mundo en el mensaje del tercer ángel, tiene por fin el salvarnos de ser engullidos en esa marea mundial de formalismo muerto.

Ahora, en lo que respecta a ti personalmente, ¿tienes un formalismo muerto, o una fe viviente? ¿Tienes la forma de la piedad sin su poder?, ¿o tienes, por fe viviente la presencia y el poder del Salvador viviente en el corazón; dando divino significado, vida y gozo a todas las formas de adoración y de servicio que Cristo estableció; obrando las obras de Dios y manifestando los frutos del Espíritu en la totalidad de la vida?

A excepción de emplearse como el medio de encontrar a Cristo el Salvador viviente en la palabra y su fe viviente; aún esta misma palabra puede convertirse hoy en un formalismo muerto como lo era en la antigüedad cuando Él estuvo en la tierra. Ya que Él les dijo entonces: "Escudriñad las Escrituras, porque a vosotros os parece que en ellas tenéis la vida eterna; y ellas son las que dan testimonio de mí. Y no queréis venir a mí, para que tengáis vida" (Juan 5:39,40).

Ellos pensaban encontrar vida eterna en las Escrituras sin Cristo, es decir, obrando por ellos mismos. Pero está escrito "que Dios nos ha dado vida eterna, y esta vida está en su Hijo" (1ª Juan 5:11), como lo encontramos a Él en las escrituras y no en las palabras de las escrituras sin Él. Porque ellas son las que dan testimonio de mí, dice Jesús. Ese es justamente el propósito de las Escrituras. Por lo tanto, "el que tiene al Hijo, tiene la vida: el que no tiene al Hijo de Dios, no tiene la vida" (1ª Juan 5:11).

Y como dice esta frase antes leída:

"La verdadera piedad eleva los pensamientos y acciones; entonces las formas externas de la religión armonizan con la pureza interior del cristiano; entonces las ceremonias que el servicio de Dios requiere no son ritos carentes de significado, como los de los fariseos hipócritas".

Capítulo 15

Ministros de Dios

Alonzo Jones

A PARTIR de la lista que Dios nos proporciona en 2ª de Corintios 6:1-10, queda claro que nada hay que pueda alguna vez venir a la vida del creyente en Cristo, sin que la gracia de Dios lo tome y transforme para el provecho del creyente, y lo haga servir solo para su progreso hacia la perfección en Cristo Jesús.

Eso, y no otra cosa, es lo que siempre hará la gracia de Dios, solo si el creyente permite que el Señor obre según su voluntad en la vida de él; sólo si permite que la gracia reine. Es así que "todo esto es para vuestro beneficio"; y es así como "a los que a Dios aman, todas las cosas les ayudan a bien" (Romanos 8:28). Eso es maravilloso, es realmente glorioso. Es la salvación misma. Así es como el creyente es habilitado "siempre" para "triunfar en Cristo".

No obstante, eso no es más que la mitad de la historia. El Señor propone no solamente salvar al que cree, sino emplearlo para ministrar a todos los demás el conocimiento de Dios, a fin de que ellos también puedan creer. No debemos pensar que la gracia y los dones del Señor son solamente para nosotros. Cierto que primeramente son para nosotros, pero con el propósito de que no solamente seamos salvos nosotros, sino que podamos ser habilitados para beneficiar a los demás en comunicarles el conocimiento de Dios. Debemos participar nosotros mismos de la salvación, antes de poder dirigir a otros hacia ella.

Por lo tanto, leemos: "Cada uno según el don que ha recibido, adminístrelo a los otros, como buenos dispensadores de las diferentes gracias de Dios". "Y todo esto es de Dios, el cual nos reconcilió a sí por Cristo; y nos dio el ministerio de la reconciliación" (2ª Corintios 5:18).

Todo el que recibe la gracia de Dios, recibe a la vez con ella el ministerio o administración de esa gracia a todos los demás. Todo aquel que se encuentra reconciliado con Dios, recibe con esa reconciliación el ministerio de la reconciliación a los otros. Aquí se aplica también la exhortación, "os exhortamos también a que no recibáis en vano la gracia de Dios". ¿Estás participando de la gracia? Entonces adminístrala a los otros; no la recibas en vano. ¿Fuiste reconciliado con Dios? Entonces sabe también que Él te encomendó el ministerio de la reconciliación. ¿Has recibido ese ministerio en vano?

Si no recibimos la gracia de Dios en vano, si tan solo permitiéramos que la gracia reine, el Señor hará que "en todo" seamos ministros aprobados de Dios. Esta es la verdad. El Señor dice que es así, y así es.

"Aprobándonos en todo como ministros de Dios". Es decir, en todo lo que estemos comunicando a otros el conocimiento de Dios. El Señor así propone, no sólo que "siempre triunfemos en Cristo Jesús" en lo referente a nosotros, sino también que hagamos "manifiesta la fragancia de su conocimiento por nosotros en todo lugar". Es decir, que su plan es dar a conocer a otros, a través nuestro, y en todo lugar, el conocimiento de Él.

No lo podemos lograr esto por nosotros mismos. Él debe hacerlo por nosotros. Debemos cooperar con Él. Debemos ser sus colaboradores. Y cuando hacemos así cooperamos con Él, entonces tan ciertamente como hagamos así, ciertamente Él hará que siempre triunfemos en Cristo y también hará que se manifieste la fragancia del conocimiento de Dios mismo por nosotros en todo lugar. Él puede hacerlo; Gracias al Señor. Nunca digas, ni siquiera pienses que no puede hacerlo a través de ti. Él lo puede. Lo hará, si no recibes su gracia en vano; si tan solo permites que la gracia reine; si cooperas juntamente con Él.

Es cierto que hay un misterio en cuanto a cómo puede ser esto así. Es un misterio como Dios puede hacer manifiesto el conocimiento de sí mismo por medio de personas tales como tú y yo somos, en algún lugar, y mucho menos en cada lugar. Sin embargo, por misterioso que sea, es la pura verdad. Pero, ¿acaso no creemos el misterio de Dios? Ciertamente lo creemos. Entonces nunca olvidemos que el misterio de Dios es Dios manifestado en la carne. Y tú y yo somos carne. Por lo tanto, el misterio de Dios es Dios manifestado en ti y en mí, quienes creemos. Créelo.

Es necesario recordar, no obstante, que el misterio de Dios no es Dios manifestado en carne impecable, sino Dios manifestado en carne pecaminosa. Nunca podría haber un misterio en que Dios se manifestase a sí mismo en carne sin pecado – sin ningún tipo de relación con el pecado. No habría ahí misterio. Pero que pueda manifestarse en carne lastrada por el pecado, y con todas las tendencias al pecado, tal como la nuestra, eso es un misterio. Sí, es el misterio de Dios. Y es un hecho glorioso. Gracias al Señor por ello. Créelo.

Y ante todo el mundo, y para el gozo de todos sus habitantes, en Jesucristo, Él ha demostrado que este gran misterio es un hecho en la experiencia humana. Porque, "por cuanto los hijos participaron de carne y sangre, Él también participó de lo mismo". "Por lo cual, debía ser en todo semejante a los hermanos" (Hebreos 2:14,17). Dios, por lo tanto, "al que no conoció pecado, lo hizo pecado por nosotros" (2ª Corintios 5:21). "Jehová cargó en Él el pecado de todos nosotros" (Isaías 53:6).

Así, en nuestra carne, tomando nuestra naturaleza lastrada con la iniquidad, y siendo Él mismo hecho pecado, Cristo Jesús vivió en este mundo, tentado en todo punto como nosotros; y, sin embargo, Dios le hizo triunfar siempre, e hizo manifiesta la fragancia de su conocimiento, mediante Él, en todo lugar. Así, fue como Dios se manifestó en carne, en nuestra carne, en carne humana afectada por el pecado –hecho Él mismo pecado–, y débil y tentada como lo es la nuestra. Y así el misterio de Dios fue dado a conocer a todas las naciones por la obediencia de la fe. ¡Oh, créelo!

Y ese es el misterio de Dios, hoy y por siempre: Dios manifestado en la carne, en carne humana, en carne agobiada por el pecado, tentada y probada. En esa carne, Dios hará manifiesto el conocimiento de sí mismo en cada lugar donde haya un creyente. ¡Créelo y alaba su santo nombre!

Este es el misterio que ahora en el mensaje del tercer ángel debe darse a conocer nuevamente a todas las naciones para la obediencia de la fe. Ese es el misterio de Dios, que en estos días debe ser "consumado". No solamente consumado en el sentido de llegar a su término en relación al mundo, sino consumado en el sentido de alcanzar su plenitud en su gran obra en el creyente. Este es el tiempo en el que el misterio de Dios debe ser consumado, en el sentido de que Dios debe manifestarse en la carne de cada verdadero creyente, allí donde éste se encuentre. Esto equivale, de hecho y en verdad, a guardar los mandamientos de Dios y la fe de Jesús.

"Tened buen ánimo, yo he vencido al mundo" (Juan 16:33). He revelado a Dios en la carne. Nuestra fe es la victoria que ha vencido al mundo. Entonces y ahora, "Mas a Dios gracias, el cual hace que siempre triunfemos en Cristo, y manifiesta la fragancia de su conocimiento por nosotros en todo lugar" (2ª Corintios 2:14).

Capítulo 16

Guardados por su Palabra

Alonzo Jones

EN la vida cristiana, todo depende de la palabra de Dios. Es cierto que Dios es poderoso para guardarnos sin pecar –y tal es su deseo–; pero eso debe realizarse mediante su palabra. Ya que escrito esta: "por la palabra de tus labios yo me he guardado de las vías del destructor" (Salmos 17:4). "En mi corazón he guardado tus dichos, para no pecar contra ti" (Salmos 119:11). Tal es el camino que Dios ha establecido, y ningún otro hay que lleve a su cumplimiento.

No es este camino establecido meramente porque Él decidió arbitrariamente que tal debía ser, para poner luego a los hombres bajo la obligación de seguirlo. Su palabra es el camino de la salvación y el camino de la santificación (el vivir del cristiano), porque esa es la manera en la que Dios obra; porque es así como se manifiesta a sí mismo. Fue por su palabra que Él creó todas las cosas en el principio; y es por la palabra que Él hace del hombre una nueva criatura; y será por su palabra como creará nuevamente este mundo y todas las cosas que le pertenecen. "Por la palabra de Jehová fueron hechos los cielos, y todo el ejército de ellos por el aliento de su boca... porque Él dijo, y fue hecho; Él mandó, y existió" (Salmos 33:6,9). "Y el que estaba sentado en el trono dijo: He aquí, yo hago nuevas todas las cosas... y me dijo: Hecho es" (Apocalipsis 21:5,6).

No es solamente que los mundos fueron creados por la palabra de Dios: sino que también están sostenidos por ella.

"Los cielos fueron en el tiempo antiguo, y la tierra que por agua y en agua está asentada, por la palabra de Dios; por lo cual el mundo de entonces pereció anegado en agua: Mas los cielos que son ahora, y la tierra, son conservados por la misma palabra" (2ª Pedro 3:5-7). De la misma forma, el cristiano no es solamente hecho una nueva criatura por la palabra de Dios, sino que es guardado, sustentado y alimentado para su crecimiento, por la misma palabra. Dios sostiene "todas las cosas" por su poderosa palabra, y el cristiano está entre "todas las cosas", no es menos que alguno o todos los mundos.

Nadie puede poner en duda que es el Señor quien mantiene a todos los mundos en su lugar. Pero el Señor no sólo guarda y sostiene los mundos, sino "todas las cosas". Eso es tan cierto para el cristiano, como para cualquier estrella del firmamento, o para cualquier mundo del universo. Nadie pondrá en duda que es el Señor quien guía y sostiene las estrellas y los mundos, por su palabra. De igual modo, no puede haber ninguna duda de que el cristiano sea sostenido y mantenido en su camino recto por la palabra del Señor.

Esto debe creer y depender todo aquel que profesa el nombre de Cristo. Tú y yo no podemos mantenernos por nosotros mismos en el buen camino, más de lo que podrían hacerlo la tierra o el sol. Y tan ciertamente como los astros dependen de su palabra, así de cierto es que el cristiano dependa de ella. Y cuando esto es así, el cristiano es mantenido en el camino del Señor tan cierta y tan fácilmente como cualquier otro planeta en el universo.

Está escrito que Dios "es poderoso para guardaros sin caída" (Judas 1:24) y añade, "siempre te sustentaré con la diestra de mi justicia" (Isaías 41:10). "Pero estará firme, que poderoso es Dios para hacerle estar firme" (Romanos 14:4).

Oh, cristiano que luchas y desfalleces, ¿no te parece esa palabra que sostiene los grandes mundos es poderosa para sostenerte a ti? Confía en esa palabra. Depende incondicionalmente de ella. Reposa completamente sobre ella, y después hallarás descanso en ella. Confía en el Señor para que te sostenga, así como confías en Él para que sostenga el sol. Su palabra es la que sostiene al sol, y Él te habla una y otra vez, diciéndote: "no temas, que yo soy contigo; no desmayes, que yo soy tu Dios que te esfuerzo. Siempre te ayudaré, siempre te sustentaré con la diestra de mi justicia" (Isaías 41:10). Te guardaré, mío eres tú. "No te desampararé, ni te dejaré" (Hebreos 13:5). No te dejaré hasta que haya obrado en ti lo que mi palabra te ha dicho.

"La palabra de Dios es viva y eficaz [poderosa]" (Hebreos 4:12). "Poderosa" significa llena de poder. La palabra de Dios es viva y llena de poder, para hacer por ti, contigo y en ti, todo lo que ella dice. Cree en esa palabra, confía en ella: ya que es la palabra del Dios viviente, es la palabra del Salvador compasivo. "Recibid con mansedumbre la palabra implantada, la cual puede salvar vuestras almas" (Santiago 1:21). "Ahora, hermanos, os encomiendo a Dios y a la palabra de su gracia, la cual es poderosa para sobreedificaros" (Hechos 20:32). "[Permite] que la palabra de Cristo more en abundancia en vosotros" (Colosenses 3:16). Por lo tanto, cuando Él dice que: "Sois guardados por el poder de Dios mediante la fe" (1ª Pedro 1:5). El poder de Dios es manifestado mediante su palabra y por lo tanto esa palabra es poderosa. Por consiguiente, la fe viene al oír la palabra de Dios, esa palabra es fiel, llena de fe. Entonces, cuando Él dice, "Sois guardados por el poder de Dios mediante la fe", no es sino otra forma de decir que sois guardado por la palabra de Dios, "para la salvación que está lista para ser manifestada en el tiempo postrero" (1ª Pedro 1:5). Cree esa palabra, confía en ella, y experimenta su poder para sostenerte.

Capítulo 17

El poder de la Palabra (I)

Alonzo Jones

PORQUE como desciende de los cielos la lluvia, y la nieve, y no vuelve allá, sino que riega la tierra, y la hace germinar y producir, y da semilla al que siembra y pan al que come, así será mi palabra que sale de mi boca; no volverá a mí vacía, antes hará lo que yo quiero, y será prosperada en aquello para que la envié" (Isaías 55:10,11).

La tierra puede dar vegetación sólo si recibe humedad de la lluvia o la nieve del cielo. Sin ella, todo se secaría y moriría. Tal ocurre con la vida del hombre y la palabra de Dios. Sin la palabra de Dios, la vida del hombre es tan estéril de poder y de bien, tal como es la tierra sin lluvia. Pero permítase solamente que la palabra de Dios caiga sobre el corazón, como las lluvias lo hacen sobre la tierra; entonces la vida vendrá a ser fresca y embellecida en el gozo y la paz del Señor, y fructífera con los frutos de justicia que proceden de Jesucristo.

Observa, no obstante, que no eres tú quien debe "hacer aquello que le complace a Él". No se trata de que leas u oigas la palabra de Dios, y digas, 'yo tengo que hacer aquello', 'yo lo haré'. No, no. Debes abrir tu corazón a esa palabra, para que ella pueda cumplir en ti la voluntad de Dios. No eres tú quien debe hacerlo, sino ella. Ella, la palabra de Dios misma es quien debe hacerlo, y tú se lo has de permitir. "[Permite, deja] que la palabra de Cristo more en abundancia en vosotros" (Colosenses 3:16).

En otro lugar se expresa así: "Cuando recibisteis la palabra de Dios que oísteis de nosotros, la recibisteis no como palabra de hombres, sino como es en verdad, la palabra de Dios, la cual también obra eficazmente en vosotros los que creéis". De forma que es la palabra de Dios la que debe obrar en ti. No eres tú quien debe obrar para cumplir la palabra de Dios, sino que la palabra de Dios debe obrar en ti para hacer que tú la cumplas. "En lo cual aún trabajo, combatiendo según la operación de Él, la cual obra en mí poderosamente" (Colosenses 1:29).

Siendo que la palabra de Dios es viviente y llena de poder, cuando se le permite obrar en la vida de alguien, actuará poderosamente. Puesto que se trata de la palabra de Dios, el poder del que está llena, no es otro que el poder de Dios; y cuando esa palabra se le permite actuar en la vida, se manifestará en ella la obra de Dios. Es su poder el que está obrando poderosamente. Entonces será Dios el que este obrando en nosotros así el querer como el hacer, por su buena voluntad. La palabra "hará lo que Yo quiero". Permíteselo.

A partir de lo dicho por las Escrituras, es claro que se nos espera que consideremos solo la palabra de Dios como llevando en ella misma su cumplimiento.

La palabra de Dios se cumple así misma. Esa es la gran verdad presentada por doquiera, en la Biblia. Esa es la gran diferencia entre la palabra de Dios y la del hombre. Es la diferencia destacada en el pasaje que dice: "Cuando recibisteis la palabra de Dios que oísteis de nosotros, la recibisteis no como palabra de hombres, sino como es en verdad, la palabra de Dios, la cual también obra eficazmente en vosotros los que creéis" (1ª Tesalonicenses 2:13).

En la palabra del hombre no hay poder para cumplir lo que dice. No importa cuál sea la habilidad del hombre para llevar a cabo lo que dice, no hay poder alguno en su palabra misma para cumplir lo que dice. La palabra de un hombre puede expresar la cosa más fácil posible que pueda cumplir, y tú podrías creerlo completamente, no obstante, además de su palabra, su cumplimiento depende absolutamente del hombre mismo. No es su palabra la que obra, sino que él mismo debe hacerlo; y esto justamente tan real como si jamás hubiese pronunciado palabra alguna. Así es la palabra del hombre.

No sucede lo mismo con la palabra de Dios. Cuando Dios pronuncia la palabra, en el instante encontramos en esa palabra el poder viviente para cumplir lo que esa palabra expresa. No hay la más mínima necesidad de que Dios emplee cualquier otro medio que no sea la palabra misma, para cumplir lo pronunciado.

La Biblia está llena de ilustraciones al respecto, y quedaron escritas para instruirnos sobre el particular: para que consideremos la Palabra como palabra de Dios, y no como palabra del hombre; y para que la podamos recibir, así como lo que es en realidad, la palabra de Dios, a fin de que ella pueda obrar poderosamente en nosotros la voluntad y complacencia de Dios.

"Por la palabra de Jehová fueron hechos los cielos, y todo el ejército de ellos por el espíritu de su boca… porque Él dijo, y fue hecho; Él mandó, y existió". "Por la fe entendemos que los mundos fueron formados por la palabra de Dios, de modo que lo que se ve, fue hecho de lo que no se veía".

En el principio, definitivamente no existían los mundos. Es más, ni siquiera existía la materia de la que están compuestos: Nada había. Entonces, Dios habló, y todos los mundos vinieron a existir, cada uno en su lugar.

¿De dónde vinieron, pues, los mundos? Antes de que Él hablara, no había alguno. Cuando habló, helos ahí.

Entonces ¿de dónde vinieron? ¿Qué los produjo? ¿Qué fue lo que produjo el material del que están hechos? ¿Qué los trajo a la existencia? Fue la palabra la cual fue pronunciada la que creó todo, ella lo hizo todo, y lo hizo porque venía de la boca de Dios. Había en esa palabra la divinidad de vida y espíritu, el poder creador para hacer todo lo que la palabra expresara. Así es la palabra de Dios.

"Y esta es la palabra que por el evangelio os ha sido anunciada" (1ª Pedro 1:25). En la Biblia, la palabra de Dios es la misma, la misma en vida, en espíritu, y en poder creador, y precisamente la misma que hizo los cielos y todo el ejército de ellos. Fue Jesucristo quien pronunció la palabra en la creación; es Él quien pronuncia la palabra en la Biblia. En el principio, la palabra que pronunció, creó los mundos; en la Biblia, la palabra que pronuncia salva y santifica el alma. En el principio, su palabra creó los cielos y la tierra; en la Biblia, su palabra crea en Cristo Jesús al hombre que recibe esa palabra. En ambos casos, y en toda la obra de Dios, es la palabra la que lo efectúa.

Permite que la palabra de Cristo more en ti abundantemente. Recíbela, no como palabra de hombre, sino como es en verdad, la palabra de Dios, que obra poderosamente en ti. Entonces, "como desciende de los cielos la lluvia, y la nieve, y no vuelve allá, sino que riega la tierra, y la hace germinar y producir, y da semilla al que siembra y pan al que come, así será mi palabra que sale de mi boca; no volverá a mí vacía, antes hará lo que yo quiero, y será prosperada en aquello para que la envié". "A vosotros es enviada la palabra de esta salvación" (Hechos 13:26). "Y ahora, hermanos, os encomiendo a Dios, y a la palabra de su gracia; que es poderosa [literalmente, "llena de poder"] para sobreedificaros, y daros herencia con todos los santificados" (Hechos 20:32).

Capítulo 18

El poder de la Palabra (II)

Alonzo Jones

HEMOS visto que el poder que mora en la palabra de Dios es suficiente para crear los mundos, en base a solamente la simple pronunciación de la misma. Al ser dicha hoy al hombre, es también suficiente para crear de nuevo, en Cristo Jesús, a todo el que la reciba.

En el capítulo ocho de Mateo hallamos el relato de un centurión que vino a Jesús, rogándole así: "Señor, mi mozo yace en casa paralítico, gravemente atormentado. Y Jesús le dijo: yo iré y le sanaré. Y respondió el centurión, y dijo: Señor, no soy digno de que entres debajo de mi techado; mas solamente di la palabra, y mi mozo sanará... Entonces Jesús dijo al centurión: Ve, y como creíste te sea hecho. Y su mozo fue sano en el mismo momento".

Ahora ¿qué fue lo que el centurión esperó que curase a su siervo? "Solamente... la palabra", que Jesús pronunciaría. Y después que se hubo dicho la palabra, ¿de qué dependió el centurión, y en qué buscó el poder sanador? Fue solamente... la palabra. Él no esperó que el Señor lo efectuase de alguna otra manera que no fuese por su palabra. No, él escuchó la palabra, "Ve, y como creíste te sea hecho". Él aceptó la palabra como es en verdad, la palabra de Dios y esperó en ella y dependió de ella, para que cumpliese aquello que dijo. Y así resultó.

Tal es hoy la palabra de Dios, tan ciertamente como lo fue en el día en que se pronunció originalmente. No ha perdido un ápice de su poder, ya que esa palabra de Dios "vive y permanece para siempre" (1ª Pedro 1:24).

En Juan 4:46-52 se nos relata cómo cierto noble, cuyo hijo estaba enfermo en Capernaum, vino a Jesús en Caná de Galilea, y "rogábale que descendiese, y sanase a su hijo, porque estaba a punto de morir. Entonces Jesús le dijo: Si no viereis señales y milagros, no creeréis. El noble dijo a Jesús: Señor, desciende antes que mi hijo muera. Jesús le dijo: Ve, tu hijo vive. Y el hombre creyó a la palabra que Jesús le dijo, y se fue. Y cuando ya él descendía, los siervos le salieron a recibir, y le dieron nuevas, diciendo: Tu hijo vive. Entonces él les preguntó a qué hora comenzó a estar mejor. Y dijéronle: Ayer a las siete le dejó la fiebre. El padre entonces entendió que fue a la misma hora en la cual Jesús le dijo: Tu hijo vive".

Ese es el poder de la palabra de Dios para aquel que la recibe como lo que es en verdad: la palabra de Dios. Ese es el poder "que obra en vosotros los que creéis" (1ª Tesalonicenses 2:13). Esa es la manera en la que la palabra de Dios cumple, aquello que complace a Dios, en quienes la reciben y le permiten morar en ellos. Obsérvese que en ambos casos el hecho fue consumado en el mismo momento de pronunciarse la palabra. Véase también que ninguno de los dos enfermos estaba en la presencia inmediata de Jesús, sino a considerable distancia –el último, al menos a un día de camino del lugar en el que Jesús habló al noble. Sin embargo, fue sanado instantáneamente al ser pronunciada la palabra. Y esa palabra está viva y llena de poder hoy, tan ciertamente como aquel día, para todo el que la recibe de la forma en que fue recibida en aquella ocasión. Esto es fe, aceptar esa palabra como la palabra de Dios, y depender de ella para que cumpla lo que dice. Ya que cuando el centurión dijo, "solamente di la palabra, y mi mozo sanará", Jesús dijo a los que estaban alrededor,

"De cierto os digo, que ni aun en Israel he hallado tanta fe" (Mateo 8:5-10). Permítele hallar hoy, por todo Israel, esa "tanta fe".

Jesús nos dice a cada uno de nosotros, "vosotros ya estáis limpios por la palabra que os he hablado" (Juan 15:3). Es a través de la palabra que se realiza esta limpieza. El Señor no propone limpiarte de ninguna otra manera que no sea por su palabra, pero a través de la palabra que Él mismo ha pronunciado. Allí, y solamente allí encontraras el poder purificador, recibiéndola como es en verdad la palabra de Dios, que actúa poderosamente en ti, y cumple lo que a Él le agrada. Él no propone hacerte puro excepto por el poder y permanencia de sus palabras puras.

Un enfermo de lepra dijo a Jesús, "¡Señor, si tú quieres, puedes limpiarme!". Jesús le respondió: "'¡Quiero; sé limpio!' Y al instante quedó limpio de su lepra" (Mateo 8:2,3). ¿Estás clamando a causa de la lepra del pecado? ¿Le has dicho, o le dirás ahora, "Señor, si tú quieres, puedes limpiarme"? Él te responde en este momento: '¡Quiero! ¡Sé limpio!'. Y al instante quedas limpio, tan ciertamente como sucedió con aquel otro enfermo de lepra. Cree la palabra, y alaba a Dios por su poder sanador. No apliques tu fe a creer lo que le sucedió a aquel leproso, sino cree en lo que respecta a ti, aquí, y ahora. Inmediatamente. Porque para ti es la palabra ahora: "¡Sé limpio!". Acéptala, como hicieron aquellos en lo antiguo, e inmediatamente obre en ti de forma efectiva la buena voluntad del Padre.

Que todos los que han invocado el nombre de Cristo reciban su palabra hoy, como es en verdad, la palabra de Dios, dependiendo de que esa palabra haga lo que dice. Entonces, la realidad será ahora, para gloria de Dios, que "así como Cristo amó a la iglesia, y se entregó a sí mismo por ella, para santificarla limpiándola en el lavacro del agua por la palabra, para presentársela gloriosa para sí, una iglesia que no tuviese mancha ni arruga, ni cosa semejante; sino que fuese santa y sin mancha" (Efesios 5:26,27).

Capítulo 19

Viviendo por la Palabra

Alonzo Jones

MAS ahora, aparte de la ley, la justicia de Dios es manifestada, siendo testificada por la ley y los profetas; la justicia de Dios que es por la fe de Jesucristo, para todos y sobre todos los que creen; porque no hay diferencia; por cuanto todos pecaron, y están destituidos de la gloria de Dios" (Romanos 3:21-23).

La justicia de Dios es lo primero que debe buscar todo hombre. "Buscad primeramente el reino de Dios y su justicia" (Mateo 6:33). Y en el camino de la justicia, hay vida. Es imposible separar la vida de Dios de la justicia de Dios. Tan ciertamente como tienes la justicia de Dios, tienes su vida. "Más ahora, aparte de la ley, la justicia de Dios es manifestada" (Romanos 3:21).

Ahora, en este momento, incluso mientras lees. En este preciso momento, pues, la justicia de Dios es manifestada a "todos los que creen en Él". ¿Crees en Jesucristo ahora, en este momento? ¿Crees? Si dices, 'Sí', entonces la justicia de Dios se manifiesta para ti y sobre ti, ahora, en este mismo momento. ¿Lo crees así? La palabra de Dios así lo afirma. ¿Lo afirmas tú? Si tú no lo afirmas, entonces, ¿crees la palabra? Cuando el Señor dice claramente que su justicia ahora es manifestada a ti y sobre ti, y tú no dices que así es en ti, ¿estás creyendo realmente al Señor? Cuando Él te está diciendo muy claro las cosas y tú no dirás que en tu caso eso es cierto, entonces ¿realmente le crees a Él?

El Señor quiere que digas que lo que Él dice es así, que es así "ahora", en este momento; y que es así para ti, y en ti. "Os escribo un mandamiento nuevo, que es verdadero en Él y en vosotros" (1ª Juan 2:8). Cuando el Señor dice algo, es verdad, incluso aunque nadie en el mundo lo crea. En tal caso, sería verdad en Él, pero no en ellos. Pero Él quiere que sea cierto en ti, así como en Él. Y cuando reconoces que lo que el Señor dice es cierto para ti "ahora", en este momento, entonces es cierto en Él y en ti. Eso es creer en Dios. Es creer en su palabra. Esto es tener su palabra morando en ti. "Si estuviereis en mí, y mis palabras estuvieren en vosotros, pedid todo lo que quisiereis, y os será hecho" (Juan 15:7).

Muchos son los dispuestos a admitir, de una manera general, que lo que dice el Señor es así. Admitirán que puede ser así para otros. Pero que esto es así para ellos mismos, precisamente ahora, no lo dirán. Tales personas realmente no saben que la palabra de Dios es verdadera. "¿Tienes tú fe? Tenla para contigo delante de Dios" (Romanos 14:22). Si no tienes fe para contigo, tuya, entonces no tienes fe en absoluto. Si no crees que la palabra del Señor es verdadera para ti personalmente, y ahora, entonces no crees en absoluto. Puesto que no estás viviendo en el ayer, ni en el mañana, sino justo ahora –mientras éste es el ahora, así que, si ahora no crees, no crees en absoluto. De manera que la palabra de Dios declara que "ahora es el tiempo aceptable, ahora es el día de la salvación" (2ª Corintios 6:2); "Mas ahora, aparte de la ley, la justicia de Dios es manifestada, siendo testificada por la ley y los profetas; la justicia de Dios que es por la fe de Jesucristo, para todos y sobre todos los que creen" (Romanos 3:21-23).

¿Crees en Jesucristo como tu Salvador personal, ahora? Puedes responder en un instante; sabes que crees. Entonces, ahora en este momento agradece al Señor, de que su justicia es manifestada a ti y sobre ti. El Señor no solamente lo dice, sino que además testifica del hecho – es testificada "por la ley y por los profetas". Esa ley que transgrediste, la misma que te ha declarado culpable ante Dios, precisamente esa ley, ahora, en virtud de la manifestación de la justicia de Dios, testifica que tienes una justa reclamación a dicha justicia y que por lo tanto tú eres justificado mediante la fe de Jesucristo. Los profetas testifican igualmente de ese bendito hecho: "En el momento en que el pecador cree en Cristo, queda libre de condenación ante Dios, ya que la justicia de Cristo viene a ser suya: la perfecta obediencia de Cristo le es imputada". ¿No es eso suficiente para que ahora digas, si es que nunca antes lo dijiste, que "ahora… la justicia de Dios es manifestada" para ti y sobre ti, que crees ahora en Jesús?

"Siendo justificados gratuitamente por su gracia mediante la redención que es en Cristo Jesús; a quien Dios ha propuesto en propiciación por medio de la fe en su sangre, para manifestar su justicia, por la remisión de los pecados pasados, atento a haber pasado por alto, en la paciencia de Dios" (Romanos 3:24,25).

¿Preferirías ahora tener la justicia de Dios que tener tus pecados? Dices sí. Muy bien. Dios "ahora" ha establecido a Cristo "para manifestación de su justicia, atento a haber pasado por alto, en su paciencia, los pecados pasados". ¿Dejarás ahora que se vayan los pecados, en este momento, y tomarás la justicia que se ha propuesto darte, y que te ofrece gratuitamente ahora mismo? "Siendo justificados gratuitamente". "Siendo" es un tiempo verbal presente. "Era" sería pasado. "Será" sería futuro. Pero "siendo" pertenece al presente. Por lo tanto, el Señor te dice a ti y de aquellos que creen en Jesús, 'Siendo [ahora, en este momento] justificado gratuitamente por su gracia, mediante la redención que es en Cristo Jesús… mediante la paciencia de Dios".

Pero el Señor no termina el asunto ahí; Él enfatiza el poder presente y la bendición de este hecho infinito. "Con la mira de manifestar la justicia en este tiempo".

Primeramente, Él dice que es "ahora" cuando la justicia de Dios es manifestada, a todos y sobre todos los que creen en Él; luego dice de todos ellos, "siendo justificados gratuitamente"; y después recalca lo anterior con estas palabras: "con la mira de manifestar la justicia en este tiempo". ¡Oh, pobre alma temblorosa y dubitativa! ¿No te ofrece eso la suficiente seguridad de que ahora, en este momento, es tuya la justicia de Dios? ¿que ahora estás siendo justificado gratuitamente por su gracia? ¿que ahora, "en este tiempo", te ha sido manifestada la justicia de Dios para remisión de todos tus pecados pasados?

¿Acaso eso no te basta? Le basta al Señor, ya que dice: "Con la mira de manifestar su justicia en este tiempo: para que Él sea el justo, y el que justifica al que es de la fe de Jesús".

Por lo tanto, si eso es suficiente para satisfacer plenamente al Señor, ¿no lo va a ser para satisfacerte a ti? ¿Te apropiarás ahora de la plenitud de ese bendito "don de justicia" que es vida, de tal manera que el Señor, viendo el fruto "del trabajo de su alma", sea satisfecho nuevamente, y así, por tu gran regocijo, sea doblemente satisfecho? Eso es todo cuanto pide de ti. Porque "al que no obra, pero cree en aquel que justifica al impío, la fe le es contada por justicia".

He aquí la palabra de Dios, la palabra de justicia, la palabra de vida, para ti hoy, en este momento. ¿Serás hecho justo por ella ahora? ¿Vivirás por ella ahora? Eso es justificación por la fe. Eso es justicia por la fe. Es la cosa más simple del mundo. Es así de simple, si la palabra de Dios será verdadera en ti ahora, o no.

Dios dijo a Abraham, "mira ahora a los cielos, y cuenta las estrellas, si las puedes contar. Y le dijo: Así será tu simiente. Y creyó a Jehová, y le fue contado por justicia". "Y no solamente por él fue escrito que le haya sido imputado; sino también por nosotros, a quienes será imputado, esto es, a los que creemos en el que levantó de los muertos a Jesús Señor nuestro, el cual fue entregado por nuestros delitos, y resucitado para nuestra justificación. Justificados pues por la fe, tenemos paz para con Dios por medio de nuestro Señor Jesucristo" (Romanos 4:24,25; 5:1).

"Ahora", "en este tiempo" es cierto; es verdadero en Él. Ahora, en este momento, permítele ser cierto en ti.

CAPÍTULO 20

Gálatas 1:3-5

Alonzo Jones

"GRACIA sea a vosotros, y paz de Dios el Padre, y de nuestro Señor Jesucristo, el cual se dio a sí mismo por nuestros pecados para librarnos de este presente siglo malo, conforme a la voluntad de Dios el Padre, y de nuestro Señor Jesucristo; al cual sea la gloria por siglos de siglos. Amén" (Gálatas 1:3-5).

"Gracia sea a vosotros, y paz de Dios el Padre, y de nuestro Señor Jesucristo". Ese es el saludo de cada carta de Pablo, excepto la dirigida a los hebreos. También las dos de Pedro contienen el mismo saludo, con ligeras variantes.

Sin embargo, de ninguna manera constituye una mera formalidad. Esas epístolas nos han llegado como la palabra de Dios, que lo son en verdad. El saludo, pues, aunque a menudo repetido, nos llega como palabra de Dios en saludo y completa garantía de su favor y paz, eternamente sostenida a toda alma.

Gracia significa favor. Esa palabra de Dios, por lo tanto, extiende su favor a toda alma que alguna vez la lea o escuche.

Su nombre es '*Gracious*' – que extiende su gracia. Su nombre es solo lo que Él es. Y "es el mismo ayer, y hoy, y por los siglos". En Él, "no hay mudanza, ni sombra de variación". Por lo tanto, por Él, la gracia, el favor ilimitado, siempre se extiende a cada alma. ¡Oh, si todos pudieran creerlo!

"Y paz". Él es "el Dios de paz". No existe la paz verdadera, fuera de la que viene de Dios. "No hay paz, dijo mi Dios, para los impíos" (Isaías 4:22). "Los impíos son como la mar en tempestad, que no puede estarse quieta" (Isaías 57:20).

Pero todo el mundo yacía en la maldad, por lo tanto, el Dios de paz proclama paz a toda alma. Porque Cristo, el Príncipe de paz, "nuestra paz", ha hecho que tanto Dios como el hombre sean uno, habiendo abolido en su carne la enemistad, para hacer EN SÍ mismo de dos –Dios y hombre– un nuevo hombre, "haciendo la paz mediante la sangre de su cruz" (Efesios 2:14,15; Colosenses 1:20). Y habiendo hecho la paz mediante su sangre en la cruz, "vino, y anunció la paz a vosotros que estabais lejos, y a los que estaban cerca" (Efesios 2:17), paz para todos. Por lo tanto, siempre y para siempre su saludo a cada alma es: ¡paz para ti! ¡De Dios el Padre y de nuestro Señor Jesucristo!

¡Oh, si cada uno lo creyera, de manera que la paz de Dios, que sobrepasa todo entendimiento, pudiera guardar su corazón y mente mediante Cristo Jesús!

"[Permite] que la paz de Dios gobierne en vuestros corazones" (Colosenses 3:15). Permítele que así sea; ya que es todo cuanto pide de ti. No la rechaces ni menosprecies. Acéptala.

"El cual se dio a sí mismo por nuestros PECADOS" (Gálatas 1:4). Oh hermano, hermana; pecador, cualquiera que seas; cargado de pecados como puedas estar, Cristo se dio a sí mismo por tus pecados. Permítele que los tome. El los compró –tus pecados– con el tremendo precio de su crucifixión. Déjale que se los lleve.

No te pide que abandones todos tus pecados antes de que puedas acudir a Él y ser enteramente suyo. Te pide que vayas a Él, con pecados y todo, y que seas enteramente suyo, pecados incluidos; y Él se llevará de ti todos tus pecados por siempre.

Se dio a sí mismo por ti, pecados y todo; démosle lo que le pertenece; te compró con todos tus pecados; permite que Él tenga lo que compró, que pueda disponer de su posesión; permítele que pueda tenerte a ti, pecados y todo.

Él "se dio a sí mismo por nuestros pecados para librarnos de este presente siglo malo". Observa que, para librarnos de este presente siglo malo, se dio a sí mismo por nuestros pecados. Eso muestra que todo lo que hay en este presente siglo malo, está precisamente en nuestros pecados.

Y ellos eran "nuestros pecados". Nos pertenecían. Éramos responsables por ellos. Y en lo referente a nosotros, este presente siglo malo está en nuestro yo personal, en nuestros pecados. Pero, bendito sea el Señor, que se dio a sí mismo por nuestros pecados, incluyendo todo de nosotros; y eso lo hizo a fin de poder librarnos de este presente siglo malo.

¿Te gustaría verte librado de este presente siglo malo? Permítele que te tome, pecados y todo – que Él compró, y que, por lo tanto, por derecho le pertenecen. Por favor no vayas a robarle aquello que es su propiedad, para continuar así en este presente siglo malo, cuando al mismo tiempo te gustaría ser librado de él. Por favor, no cometas el pecado adicional de retener aquello que no es tuyo.

Puesto que eran nuestros pecados, y Él se dio a sí mismo por ellos, salta a la vista que se dio a nosotros por nuestros pecados. Por lo tanto, cuando se dio así mismo por tus pecados, éstos se hicieron suyos; y cuando se dio a ti por tus pecados, Él se hizo tuyo. Permítele tener tus pecados, que son suyos, y tómalo a Él a cambio de tus pecados. Él es tuyo. Bendito intercambio, porque en Él tienes, como tuyo, toda la plenitud de la divinidad corporalmente; y todo ello "conforme a la voluntad de Dios". Gracias al Señor por que así sea.

¿Por qué no darle, "la gloria por siglos de siglos? ¿Y porque no deberíamos decir todos amen?

Capítulo 21

Gálatas 2:20

Alonzo Jones

"CON Cristo estoy juntamente crucificado, y ya no vivo yo, más vive Cristo en mí: y lo que ahora vivo en la carne, lo vivo en le fe del Hijo de Dios, el cual me amó, y se entregó a sí mismo por mí" (Gálatas 2:20).

Quizá podamos destacar lo que esta escritura dice, a partir del análisis de aquello que no dice. No dice 'con Cristo quiero estar juntamente crucificado'. No dice 'con Cristo me gustaría estar juntamente crucificado, para que pudiese vivir en mí'. Lo que si dice es: "con Cristo estoy juntamente crucificado".

Tampoco dice: Pablo fue crucificado con Cristo, Cristo vivió en Pablo, y que el Hijo de Dios amó a Pablo, y se dio así mismo por Pablo. Todo lo anterior es muy cierto, pero no es lo que la escritura dice, ni tampoco lo que quiere decir, ya que ésta quiere decir exactamente lo que dice: "Con Cristo [yo] estoy juntamente crucificado, y ya no vivo [yo], más vive Cristo en mí: y lo que ahora [yo] vivo en la carne, lo vivo en la fe del Hijo de Dios, el cual me amó, y se entregó a sí mismo por mí".

Así, este versículo viene a ser un sólido y precioso fundamento de la fe cristiana para cada alma en el mundo. De esa manera, se hace posible para cada alma decir, en total seguridad de fe cristiana, "Él me amó". "Se dio a sí mismo por mí". "Con Cristo estoy juntamente crucificado", "Cristo vive en mí" (ver también 1ª Juan 4:15).

El que un alma diga "con Cristo estoy juntamente crucificado", no constituye una afirmación aventurada. Su creencia no se basa en una suposición. No está hablando de algo en lo que exista incertidumbre. Toda alma en este mundo puede decir, con toda verdad y sinceridad, "con Cristo estoy juntamente crucificado". No es más que la aceptación de un hecho, de algo que ya ocurrió; ya que esta palabra es la declaración de un hecho.

Cristo fue crucificado, eso es un hecho. Y cuando Él fue crucificado, nosotros también lo fuimos, ya que Él era uno con nosotros. Su nombre es Emmanuel, que significa "Dios con nosotros" –no Dios con Él, sino Dios con nosotros. Y si su nombre no es Dios con Él, sino "Dios con nosotros", entonces ¿quién era Él, sino nosotros? Él [Jesús] necesariamente tuvo que ser nosotros, a fin de que Dios con Él pudiera ser, no Dios con Él, sino "Dios con nosotros" (Mateo 1:23). Y cuando Él fue crucificado, ¿quién fue ese sino "nosotros" el que fue crucificado?

Esta es la poderosa verdad anunciada en ese texto. Jesucristo fue "nosotros". Fue de la misma carne y sangre que nosotros. Él fue de nuestra misma naturaleza. Él fue en todos los puntos como nosotros. "Por cuanto le era preciso ser en todo semejante a sus hermanos" (Hebreos 2:17). "Se anonadó a sí mismo… hecho semejante a los hombres" (Filipenses 2:7). Él fue "el postrer Adán", y precisamente como el primer Adán fue nosotros mismos así Cristo, el postrer Adán, fue nosotros mismos. Cuando el primer Adán murió, nosotros, estando implicados en él, morimos con él. Y cuando el postrer Adán fue crucificado –siendo que Él era nosotros y que nosotros estábamos implicados en Él–, fuimos crucificados con Él. Como en el primer Adán estaba toda la raza humana en él mismo, así en el postrer Adam estaba toda la raza humana en Él mismo, y así cuando el postrer Adán fue crucificado, toda la raza humana –la vieja y pecaminosa naturaleza humana– fue crucificada con Él. Por lo tanto, escrito esta: "Sabiendo esto, que nuestro viejo hombre juntamente FUE CRUCIFICADO CON ÉL, para que el cuerpo de pecado fuera destruido, a fin de que no sirvamos más al pecado" (Romanos 6:6).

Así pues, toda alma en este mundo puede decir verdaderamente, en el triunfo perfecto de la fe cristiana, "con Cristo estoy juntamente crucificado"; 'mi vieja naturaleza humana pecaminosa está juntamente crucificada con Él, para que sea destruido el cuerpo del pecado, a fin de que no sirva más al pecado' (Romanos 6:6). 'Y ya no vivo yo, sino que Cristo vive en mí', "llevando siempre por todas partes la muerte de Jesús en el cuerpo [la crucifixión del Señor Jesús, ya que con Él estoy juntamente crucificado], para que también la vida de Jesús se manifieste en nuestros cuerpos. Porque nosotros que vivimos, siempre estamos entregados a muerte por Jesús, para que también la vida de Jesús sea manifestada en nuestra carne mortal" (2ª Corintios 4:10,11). Por lo tanto, "lo que ahora vivo en la carne, lo vivo en la fe del Hijo de Dios, el cual me amó, y se entregó a sí mismo por mí".

En el bendito hecho de la crucifixión del Señor Jesús, la cual fue realizada para todo ser humano, no solamente se pone el fundamento de la fe para toda alma, sino que en éste se ha dado el don de la fe A TODA alma. Así, la cruz de Cristo no es solamente la sabiduría de Dios revelada a nosotros, sino que es el poder mismo de Dios manifestado para librarnos de todo pecado, y para llevarnos a Dios.

Oh pecador, hermano, hermana: Créelo. Recíbelo. Ríndete a esa poderosa verdad. Dilo, dilo en plena seguridad de fe, y dilo por siempre: "Con Cristo estoy juntamente crucificado, y ya no vivo yo más vive Cristo en mí: y lo que ahora vivo en la carne, lo vivo en le fe del Hijo de Dios, el cual me amó, y se entregó a sí mismo por mí". Dilo, porque es la verdad, la pura verdad, y la sabiduría y poder de Dios, que salvan al alma de todo pecado.

Capítulo 22

Gálatas 3:13-14

Alonzo Jones

"CRISTO nos redimió de la maldición de la ley, hecho por nosotros maldición; (porque está escrito: Maldito cualquiera que es colgado en madero); para que la bendición de Abraham fuese sobre los gentiles en Cristo Jesús; para que por la fe recibamos la promesa del Espíritu" (Gálatas 3:13,14).

La maldición de la ley, toda la maldición que alguna vez fue o alguna vez puede ser, es simplemente debido al pecado. Eso está claramente ilustrado en Zacarías 5:1-4. El profeta contempló "un rollo que volaba... de veinte codos de largo, y diez codos de ancho". El Señor le dijo: "ésta es la maldición que sale sobre la faz de toda la tierra". Es decir, ese pergamino o rollo, representa toda la maldición que pesa sobre la tierra entera.

Y, ¿cuál es la causa de esa maldición sobre la faz de toda la tierra? –"Porque todo aquel que hurta, y jura (como está escrito en el rollo) será destruido" (Zacarías 5:3). Es decir, este rollo es la ley de Dios y un mandamiento de cada tabla se cita, mostrando que ambas tablas de la ley están incluidas en el rollo. Todo aquel que roba –que transgrede la ley en lo referente a la segunda tabla– será destruido de acuerdo con esa parte de la ley; y todo aquel que jura –transgrede en relación con la primera tabla de la ley– será destruido de acuerdo con esa otra parte de la ley. Los anotadores celestiales no tienen necesidad de escribir un registro pormenorizado de los pecados particulares de cada uno; basta con apuntar, en el rollo que pertenece a cada hombre, el mandamiento particular que es violado en cada transgresión. Que tal rollo de la ley vaya con cada hombre e incluso permanezca en su misma casa, lo atestiguan las palabras: "Yo la haré salir, dice Jehová de los ejércitos, y vendrá a la casa del ladrón, y a la casa del que jura falsamente en mi nombre; y permanecerá en medio de su casa, y la consumirá, con su madera y sus piedras" (Zacarías 5:4).

Y a menos que se encuentre un remedio, ese rollo de la ley permanecerá allí hasta que la maldición consuma a ese hombre y a su casa, "con su madera y sus piedras" es decir, hasta que la maldición devore la tierra en aquel gran día en que los elementos, ardiendo, serán consumidos, "ya que... la potencia del pecado" y la maldición, es "la ley" (1ª Corintios 15:56). Pero a Dios gracias, "Cristo nos redimió de la maldición de la ley, hecho por nosotros maldición". Todo el peso de la maldición cayó sobre Él, ya que "Jehová cargó en Él el pecado de todos nosotros". "Al que no conoció pecado, se hizo pecado por nosotros". Y aquel que lo recibe a Él, recibe libertad de todo pecado, y libertad de la maldición porque libre está de todo pecado.

Nótese hasta qué punto soportó Cristo toda la maldición: que cuando el hombre pecó, la maldición vino sobre la tierra y produjo espinos y cardos (Génesis 3:17,18). El Señor Jesús, redimiendo todas las cosas de la maldición, llevó la corona de espinas, y así redimió tanto al hombre como a la tierra de la maldición. Bendito sea su nombre. La obra es consumada. "Nos redimió de la maldición". Gracias al Señor. Fue hecho maldición por nosotros, porque estuvo colgado del madero. Y dado que todo eso es un hecho consumado, la libertad de la maldición mediante la cruz de Jesucristo es el don gratuito de Dios a toda alma sobre la tierra. Y cuando el hombre recibe ese don gratuito de la redención de toda la maldición, el rollo todavía sigue permaneciendo con él, pero gracias al Señor, sin cargar nunca más una maldición, sino sosteniendo testimonio de "la justicia de Dios por la fe de Jesucristo, para todos los que creen en Él, porque no hay diferencia" (Romanos 3:21,22).

El objeto mismo de redimirnos de la maldición es "que la bendición de Abraham fuese sobre los gentiles en Cristo Jesús". Esa bendición de Abraham es la justicia de Dios, que como ya hemos visto anteriormente, sólo puede proceder de Dios como su don gratuito, recibido por la fe. Puesto que "todos los que son de las obras de la ley, están bajo de maldición", y que "Cristo nos redimió de la maldición de la ley" (Gálatas 3:13), está claro que Él también nos ha redimido de las obras de la ley, las cuales, siendo solo nuestras propias obras, son pecado, y por la gracia de Dios nos ha conferido las obras de Dios, las cuales, son obras de fe, que son el don de Dios, y ese don es justicia, como escrito esta: "Ésta es la obra de Dios, que creáis en el que Él ha enviado" (Juan 6:29). Eso es el verdadero descanso, el reposo celestial, el reposo de Dios. Y "él que ha entrado en su reposo, también él ha reposado de sus obras, como Dios de las suyas" (Hebreos 4:10).

Así, "Cristo nos redimió de la maldición de la ley", y de la maldición de nuestras propias obras, a fin de que la bendición de Abraham, que es la justicia y las obras de Dios, "fuese sobre los gentiles en Cristo Jesús" (Gálatas 3:14). Y todo ello "para que por la fe recibamos la promesa del Espíritu". "Ahora pues, ninguna condenación hay para los que están en Cristo Jesús, los que no andan conforme a la carne, más conforme al espíritu. Porque la ley del Espíritu de vida en Cristo Jesús me ha librado de la ley del pecado y de la muerte". Y "Lo que era imposible a la ley, por cuanto era débil por la carne, Dios enviando a su Hijo en semejanza de carne de pecado, y a causa del pecado, condenó al pecado en la carne; para que la justicia de la ley fuese cumplida en nosotros, que no andamos conforme a la carne, más conforme al Espíritu" (Romanos 8:1-4).

A Dios sean dadas gracias por el inefable don de su propia justicia, en lugar de nuestros pecados; y de sus propias obras de fe en lugar de nuestras obras de la ley. Ese don inefable nos fue otorgado en la redención que es en Cristo Jesús, quien "nos redimió de la maldición de la ley, hecho por nosotros maldición" (Gálatas 3:13).

Capítulo 23

Gálatas 5:3

Alonzo Jones

Y otra vez testifico a todo hombre que se circuncidare, que está obligado a guardar toda la ley (Gálatas 5:3).

La segunda parte de este versículo, en la versión KJV, se traduce como, "Deudor de toda la ley". Es curioso que muchos, al considerar esta amonestación, han hecho que se marque una distinción entre dos leyes, y han hecho que se excluya la ley de Dios del asunto en consideración, dando a la palabra "deudor" solo el sentido de "obligación".

Saben por las Escrituras que temer a Dios y guardar sus mandamientos es el todo del hombre (Eclesiastés 12:13). Saben que nada en las Escrituras puede contradecir lo anterior. Saben que todo hombre está bajo obligación de guardar toda la ley de Dios, sea que esté o no circuncidado. Permitiendo que el término "deudor" implique meramente obligación –que, si alguien está circuncidado, está obligado a obedecer toda la ley–, concluyen que la ley de Dios debe estar excluida de ese razonamiento; concluyen que debe ser alguna ley en la que nadie está en la obligación de obedecer, a menos que esté circuncidado; y, por lo tanto, la expresión "toda la ley" debe referirse solo a la totalidad de la ley ceremonial, consistente en sacrificios y ofrendas.

Por el otro lado, están aquellos que no sienten la más mínima obligación de guardar la ley de Dios, que hacen referencia a este texto para apoyar su desobediencia y oposición. Su postura es que solamente los circuncidados están bajo obligación de guardar la ley de Dios, y que es solamente circuncidándose como viene la obligación. Y ellos saben que no están de ninguna manera obligados a circuncidarse, y, por lo tanto, concluyen que no están obligados a guardar los diez mandamientos.

Ambas posturas son incorrectas: en ambos casos se falla al no apreciar el pensamiento principal del versículo. Y la causa de esta falla es darle a la palabra "deudor" solo el sentido de "obligación".

Es cierto que el término significa "obligación". Pero en este lugar y en cada otro lugar en su conexión con las obligaciones morales del hombre, dicho término tiene un significado mucho más amplio y profundo que aquel de mera obligación, de tal forma que el significado de mera obligación llega a ser realmente secundario.

El término "deudor" en ese versículo de Gálatas 5:3, significa, no solamente que la persona está en deuda y bajo obligación de pagar; sino que más allá de eso, está abrumadoramente endeudado, sin absolutamente nada con qué pagar. Si alguien es deudor, estando por lo tanto en la obligación de pagar, digamos, mil dólares, y resulta ser económicamente solvente, poseyendo la capacidad de realizar el pago, entonces la cosa resulta fácil. Pero si la cantidad adeudada es de cien mil millones de dólares, y está en la obligación de pagarlos sin disponer de un solo centavo, estando además en prisión, y sin la más mínima posibilidad de reunir ningún dinero con el que saldar la deuda, para ese hombre, la palabra "deudor" significará mucho más que meramente "obligado a pagar".

Y ese es precisamente el caso aquí considerado. Ese es el pensamiento en dicho versículo. Ese es el significado incorporado aquí en la palabra "deudor". Eso es así porque la palabra "deudor", cuando es utilizada en conexión con lo moral, implica y puede solamente implicar pecado, que el hombre es un pecador.

Ese término "deudor" (Gálatas 5:3, N.T. Interlineal, que la Reina Valera traduce como "obligado a hacer"), es precisamente el mismo que se emplea en Lucas 13:4: "O aquellos dieciocho, sobre los cuales cayó la torre en Siloé, y los mató, ¿pensáis que ellos fueron más *deudores* que todos los hombres que habitan en Jerusalén?".

Es la palabra utilizada por la oración modelo del Señor (Mateo 6:12), "Y perdónanos nuestras deudas, como nosotros perdonamos a nuestros *deudores*". Significativamente, en la versión escrita por Lucas, emerge claramente la idea de pecado: "Y perdónanos nuestros pecados, porque también nosotros perdonamos a todos los que nos deben" (Lucas 11:4).

La misma palabra empleada por el Salvador en Lucas 7:41 y 42: "Un acreedor tenía dos deudores: el uno le debía quinientos denarios, y el otro cincuenta; y no teniendo éstos con qué pagar, perdonó a ambos".

La misma expresión que se usa en la parábola en Mateo 18:23-35. De hecho, a partir del versículo, Lucas 13:4, donde la palabra "pecadores" se usa en el texto y "deudores" en el margen, la referencia es directa a la parábola en Mateo 18. Esta es la parábola en la cual se dice que cierto rey que "quiso hacer cuentas con sus siervos y... le fue presentado uno que le debía diez mil talentos" –la suma del salario medio de unos doscientos mil años de trabajo o alrededor de catorce millones cuatrocientos mil dólares– y que nada tenía con lo cual pagar. Entonces, su Señor "le perdonó la deuda". Pero cuando el que había sido perdonado encontró a su consiervo que le debía a él el equivalente al salario de unos cuatro meses o unos quince dólares, no le perdonó la deuda, sino que lo puso en la cárcel hasta que pagase lo que le debía. Luego el rey llamó entonces al primer hombre, y "lo entregó a los verdugos, hasta que pagase todo lo que le debía. Así también hará con vosotros mi Padre celestial, si no perdonáis de vuestro corazón cada uno a su hermano sus ofensas" (Mateo 18:23-35).

Esa reflexión de entregar al deudor a los verdugos hasta que pague todo lo que debe a su Señor, pertenece al concepto del termino deudor. Ya que "el uso del término involucra la idea de que el deudor es aquel que debe expiar su culpa". Y "al pecado se le llama '*opheilema*' porque éste involucra expiación y el pago del mismo como una deuda, por castigo y satisfacción.

A la luz de lo expuesto, el lector atento puede empezar a ver que las palabras de Gálatas 5:3, "está obligado a hacer [es deudor de] toda la ley"; hay sugerencia más que el que él esté meramente obligado a aceptar las demandas de la ley sobre él y hacer su mejor esfuerzo para cumplirlas. Todo esto nos muestra que él no está solamente bajo la obligación de reconocer las demandas obligatorias de la ley de Dios, sino que es realmente un deudor para rendir a la ley todas las demandas que tiene sobre él. Queda claro que por sí mismo, está condenado a ser eternamente deudor, ya que no tiene absolutamente nada con qué pagar, y por él mismo, no tiene la más mínima posibilidad de generar los recursos necesarios a tal efecto. Ese endeudamiento no deriva solamente de su obligación de cumplir la ley a partir de ese momento, sino que descansa también en la obligación de proveer satisfacción por todo lo relativo a su pasado, todo lo que se ha ido acumulando desde el pasado hasta el tiempo presente.

En consecuencia, por sí mismo, todo hombre es un eterno deudor. Tal es la implicación de Gálatas 5:3 y de los textos relacionados que se han citado. "Por cuanto todos pecaron, y están destituidos de la gloria de Dios". Cualquiera que pretenda circuncidarse a fin de ser salvo, buscando así la salvación por las obras de la justicia propia, toma sobre sí la obligación de pagar a la ley de Dios todo lo que adeuda, desde el principio de su vida hasta el final de ella. De igual forma, hace recaer sobre sí la obligación de expiar toda la culpa que deriva de sus transgresiones así acumuladas.

Eso es lo que significa 'ser deudor de hacer toda la ley'. Es lo que quieren expresar las palabras: "Y otra vez vuelvo a protestar a todo hombre que se circuncidare, que está obligado [N.T. Interlineal: deudor es] a hacer toda la ley". No es que sea deudor solamente, sino que, mediante esa transacción, asume voluntariamente, por sí mismo, toda la carga que grava esa deuda.

En verdad, todo hombre en el mundo es, por sí mismo, esa clase de deudor. Sucede también que todo hombre que busque la justificación por sus propias obras, incluso por el cumplimiento de los diez mandamientos, o por el de cualquier otra cosa que el Señor haya ordenado, con ello asume, y viene a ponerse bajo la obligación de pagar todo lo que implica su endeudamiento. El problema es que no puede pagar. No hay en él la más remota posibilidad de pagar por sí mismo la deuda. Está abrumado y perdido.

Pero, a Dios gracias, todo el que posea la justicia de Dios que es por la fe de Jesucristo, todo el que dependa solamente del Señor Jesús y de lo que Él realizó; aunque por él mismo sea deudor como cualquier otro hombre, sin embargo, en Cristo, encuentra provisión abundante para pagar todo lo que debe. Cristo expió y satisfizo, en su castigo, toda la culpabilidad de cada alma; y mediante la justicia de Dios por Él ofrecida, Cristo provee justicia en abundancia con que pagar todas las demandas que la ley pueda hacer en la vida del que cree en Jesús.

Gracias a Dios por el don inefable de las inescrutables riquezas de Cristo. Oh, ¡créelo!, ¡recíbelo! Pobre, abrumado y perdido "deudor", compra de Él "oro afinado en fuego, para que seas hecho rico, y seas vestido de vestiduras blancas" (Apocalipsis 3:18). "Venid, comprad, sin dinero y sin precio" (Isaías 55:1).

Capítulo 24

Gálatas 5:16-18

Alonzo Jones

DIGO pues: "Andad en el Espíritu, y no satisfagáis la concupiscencia de la carne. Porque la carne codicia contra el Espíritu, y el Espíritu contra la carne: y éstos se oponen entre sí, para que no podáis hacer lo que quisiereis. Más si sois guiados por el Espíritu, no estáis bajo la ley" (Gálatas 5:16-18).

"Si sois guiados por el Espíritu, no estáis bajo la ley", "porque todos los que son guiados por el Espíritu de Dios, los tales son hijos de Dios" (Romanos 8:14). Como hijos de Dios, tienen la mente del Espíritu, la mente de Cristo; y así con la mente sirven a la ley de Dios. De modo que todo el que es guiado por el Espíritu de Dios, teniendo así la mente de Cristo, cumple la ley. Ya que, por el Espíritu, se derrama en el corazón el amor de Dios, el cual en sí mismo es el cumplimiento de la ley, en cualquiera que lo tenga.

Por otra parte, el que es guiado por la carne, teniendo así una mente carnal, hace las obras de la carne, y sirve así a la ley del pecado. Así los dos caminos, el del Espíritu y el de la carne, están permanentemente a disposición para el hombre. Tan ciertamente como la carne está allí, "codicia contra el Espíritu"; y tan ciertamente como el Espíritu está allí, "codicia contra la carne". El que es guiado por la carne, no puede hacer el bien que quiere; sirve a la ley del pecado, y está por lo tanto bajo la ley. Pero "si sois guiados del Espíritu, no estáis bajo la ley".

Y todo hombre es siempre libre de decidir qué camino elegirá –si el del Espíritu, o el de la carne. "Porque si viviereis conforme a la carne, moriréis; más si por el Espíritu mortificáis las obras de la carne, viviréis" (Romanos 8:13).

Obsérvese que en el texto de Gálatas que estamos considerando, así como en los textos relacionados de Romanos y Colosenses, se expresa de forma inequívoca y enfatiza el hecho de que la carne, en su verdadera naturaleza carnal, pecaminosa, sigue todavía presente en aquel que tiene el Espíritu de Dios; y que esa carne contiende contra el Espíritu.

Es decir, cuando el hombre se convierte, y es en consecuencia puesto bajo el poder del Espíritu de Dios; él hombre no es librado de la carne, él es en realidad separado de ella con sus tendencias y deseos de tal forma que ya no sea tentado nuevamente por la carne, ni tenga más lucha con ella. Esa misma carne pecaminosa y degenerada está allí, con sus mismas tendencias y deseos. Pero el individuo ya no está sujeto a ella, no más. Es librado de la sujeción a la carne, con sus tendencias y deseos, para venir ahora a estar sujeto al Espíritu. Él está ahora sujeto a un poder que vence, que somete, crucifica, y mantiene dominada a la carne, pecaminosa como es, con todos sus afectos y concupiscencias.

Por lo tanto, escrito está que "por el Espíritu mortificáis las obras de la carne" (Romanos 8:13). "Por lo tanto, haced morir en vosotros lo terrenal: Fornicación, impureza, pasiones lascivas, malos deseos, y la avaricia, que es idolatría" (Colosenses 3:5). Obsérvese que todas esas cosas están en la carne, y vivirían y reinarían si fuese la carne la que tomase el control. Pero puesto que la carne misma es puesta en sujeción al poder de Dios –mediante el Espíritu–, todas esas cosas malas son arrancadas de raíz, impidiendo que surjan en la vida.

Ese contraste entre el dominio de la carne y el del Espíritu, se expone con claridad en Romanos 7:14-24, y en 1ª de Corintios 9:26 y 27.

En el capítulo siete de Romanos se describe al hombre que está bajo el poder de la carne, "carnal, vendido a sujeción del pecado", que anhela hacer el bien, pero está sujeto a un poder en la carne que no le permite hacer el bien que quiere. "Porque no hago el bien que quiero; mas el mal que no quiero, éste hago". "Porque no hago el bien que quiero, sino el mal que no quiero, éste hago. Hallo, pues, esta ley, que cuando quiero hacer el bien, el mal está en mí. Porque según el hombre interior me deleito en la ley de Dios; mas veo otra ley en MIS MIEMBROS, que se rebela contra la ley de mi mente, y me lleva cautivo a la ley del pecado que está en mis miembros. ¡Miserable hombre de mí! ¿Quién me librará de este cuerpo de muerte?" (Romanos 7:19, 21-24).

Eso describe el hombre que está sujeto a la carne, "a la ley del pecado" que está en sus miembros. Aunque quiera romper con el poder de la carne, y desee hacer el bien, ese poder lo sigue manteniendo en cautividad, y la ley del pecado que se halla en sus miembros lo somete bajo el dominio de la carne.

Pero hay liberación de ese poder. Por lo tanto, cuando él clama "¡Miserable hombre de mí! ¿quién me librará del cuerpo de esta muerte?", instantáneamente se da la respuesta: "Gracias doy a Dios, por Jesucristo Señor nuestro". Ahí está el camino de la liberación, ya que sólo Jesucristo es el Libertador.

Y ahora, ese hombre, aunque ha sido así liberado, no es liberado de la LUCHA: no se lo coloca en una situación en la que no deba contender con la carne. Hay una lucha que aún debe continuar, y no es una lucha imaginaria: no es una lucha contra un fantasma.

Aquí está el hombre de, 1ª de Corintios 9:26 y 27: "De esta manera peleo, no como quien golpea el aire". ¿Contra qué pelea? ¿Qué es lo que golpea?: "Antes hiero mi cuerpo y lo pongo en servidumbre; no sea que, habiendo predicado a otros, yo mismo venga a ser reprobado".

Así, en la batalla que el cristiano lucha está su cuerpo, está la carne con sus afectos y concupiscencias. El cuerpo debe ser, por el cristiano, mantenido bajo y llevado a sujeción por el nuevo poder del Espíritu de Dios al que ahora el cristiano está sujeto, y al que llegó a estar sujeto cuando fue liberado del poder de la carne y de la ley del pecado.

Esto se hace aún más expresivo por la traducción más completa de la palabra griega "sujetar" en 1ª Corintios 9:27. "Sino que sujeto mi cuerpo" significa literalmente, "golpear, herir hasta causar moretones morado o negro, golpes en los ojos". En consecuencia, Conybeare & Howson lo tradujeron así: "Peleo, no como el boxeador que golpea al aire, sino que hiero mi cuerpo y lo someto a esclavitud".

El capítulo siete de Romanos describe, pues, al hombre sujeto al poder de la carne y la ley de pecado que está en los miembros, pero que anhela por liberación. Por el contrario, 1ª de Corintios nueve, describe la carne puesta en sujeción al hombre, mediante el nuevo poder del Espíritu de Dios. En Romanos siete, la carne reina, y el hombre está sometido a ella. En 1ª de Corintios nueve, es el hombre quien rige, mientras que la carne está sojuzgada.

Esa bendita inversión de las cosas ocurre en la conversión. Mediante la conversión, el hombre es puesto en posesión del poder de Dios y bajo el dominio del Espíritu de Dios, de tal forma que, por ese poder él es hecho gobernador de la carne, con todos sus afectos y malos deseos; y, mediante el Espíritu, crucifica la carne con sus afectos y concupiscencias, en su pelear "la buena batalla de la fe".

El hombre no es salvado al ser librado de la carne, sino por recibir poder para vencer y ejercer dominio sobre todas las tendencias pecaminosas y los deseos de la carne. El hombre no desarrolla el carácter (de hecho, nunca podría hacerlo) siendo colocado en un terreno exento de tentación, sino recibiendo poder en el terreno de la tentación, exactamente donde está actualmente para conquistar toda tentación.

Si el hombre fuese salvado siendo absolutamente liberado de la carne justo como ésta es, entonces Jesús no necesitaba haber venido jamás al mundo. Si los hombres fuesen salvos eximiéndoles de toda tentación –siendo puestos en un terreno libre de tentaciones–, entonces Jesús no habría jamás tenido por qué venir al mundo. Nunca, en los supuestos anteriores, habría podido el hombre desarrollar su carácter. Por consiguiente, lejos de procurar salvar al hombre liberándolo de la carne, en el estado en que ésta estaba, Jesús vino al mundo, y se puso a sí mismo EN LA CARNE, precisamente en la carne que el hombre posee, y contendió con esa carne, TAL COMO ES ÉSTA, con todas sus tendencias y deseos; y por el divino poder que trajo por la fe, Él "condenó al pecado en la carne", y trajo así a toda la raza humana esa fe divina que trae el poder divino al hombre a fin de liberarlo del poder de la carne y de la ley de pecado, allí en donde se halla, y para darle seguro dominio sobre la carne, tal como ésta es.

Jesús en lugar de salvar al hombre de tal forma que éste hubiese quedado incompleto y desprovisto de carácter, situándolo en un terreno libre de tentación, Él vino al hombre, precisamente allí donde el hombre estaba, en medio de todas sus tentaciones. Jesús vino en la misma carne que el hombre posee, y en esa carne, enfrentó todas las tentaciones que esa carne conoce, conquistando cada una de ellas, y trayendo con eso la victoria a toda alma en el mundo. Bendito sea su nombre.

Y toda alma que reciba y guarde "la fe de Jesús" puede tener esa victoria en su plenitud. "Y esta es la victoria que vence al mundo, nuestra fe" (1ª Juan 5:4).

Capítulo 25

Gálatas 5:22-26

Alonzo Jones

MAS el fruto del Espíritu es: caridad, gozo, paz, tolerancia, benignidad, bondad, fe, mansedumbre, templanza: contra tales cosas no hay ley. Porque los que son de Cristo, han crucificado la carne con los afectos y concupiscencias. Si vivimos en el Espíritu, andemos también en el Espíritu. No seamos codiciosos de vana gloria, irritando los unos a los otros, envidiándose los unos a los otros" (Gálatas 5:22-26).

Hemos visto algo del mal esencial y el engaño de las obras de la carne. Pero gracias al Señor, hay un mejor panorama.

El Espíritu de Dios, que, en su plenitud, es libremente dado a todo creyente, lucha contra la carne, para que en aquel que es dirigido por el Espíritu de Dios, la carne no puede hacer las cosas que querría. En él, el Espíritu de Dios es el que gobierna y produce en su vida el "fruto del Espíritu" en vez de las "obras de la carne".

Y aunque es cierto "que los que hacen tales cosas" como las especificadas en la lista de las obras de la carne "no heredarán el reino de Dios"; mediante el don del Espíritu Santo, por la gracia de Cristo, Dios ha hecho completa provisión a fin de que toda alma, a pesar de todas sus pasiones, concupiscencias, deseos e inclinaciones de la carne, pueda heredar el reino de Dios.

En Cristo, la batalla ha sido peleada en cada punto, y la victoria ha sido completa.

Él mismo fue hecho carne – la misma carne y sangre de aquellos a quienes Él vino a redimir. Fue hecho en todo semejante a ellos; "tentado en todo según nuestra semejanza". Si en algún "punto" no hubiese sido hecho "como nosotros", entonces, en ese punto, Él posiblemente podría no haber sido tentado "como lo somos nosotros".

Él se pudo "compadecer de nuestras flaquezas", debido a que fue "tentado en todo según nuestra semejanza" (Hebreos 4:15).

Cuando Él fue tentado, sintió los deseos y las inclinaciones de la carne, precisamente de la forma en que nosotros las sentimos al ser tentados. "Sino que cada uno es tentado, cuando de su propia concupiscencia [los deseos e inclinaciones propios de la carne] es atraído y seducido" (Santiago 1:14). Todo eso, Jesús pudo experimentarlo sin pecar, ya que la tentación por sí misma no es pecado. Es solamente después que la concupiscencia ha concebido –es decir, cuando el deseo ha sido acariciado, la inclinación consentida– que entonces "pare [da a luz] el pecado". Y Jesús, ni siquiera en un solo pensamiento acarició ni consintió un deseo o inclinación de la carne. Así, en una carne como la nuestra, fue tentado en todo punto como nosotros, pero sin una sola mancha de pecado.

Así, por el poder divino que recibió a través de la fe en Dios, Él, en nuestra carne, reprimió completamente toda inclinación de la carne, y cortó de raíz todo deseo de esa carne, de forma que "condenó al pecado en la carne". Al hacer esto, Él trajo la victoria completa, y poder divino para que cada alma en el mundo pueda sujetar a la carne. Todo eso lo hizo "para que la justicia de la ley se cumpliese en nosotros, que no andamos conforme a la carne, sino conforme al Espíritu" (Romanos 8:3,4).

En Cristo Jesús, está el alcance de toda alma esa victoria, en su plenitud. Se la recibe por la fe en Jesús. Se alcanza y mantiene por "la fe de Jesús", que Él perfeccionó y que da a todo el que en Él cree. Porque "esta es la victoria que vence al mundo, nuestra fe".

"Aboliendo en su carne las enemistades" que separaban al hombre de Dios (Efesios 2:15). Para hacer esto, Jesús tomó y debe tomar la carne en la cual aquella enemistad existió. Y dirimió o abolió "en su carne las enemistades", "para edificar en sí mismo de dos [Dios, y el hombre enemistado] un nuevo hombre, haciendo así la paz".

Cristo abolió en su carne la enemistad, para "reconciliar con Dios a ambos [judíos y gentiles, y todo hombre sujeto a la enemistad] en un cuerpo mediante la cruz, matando en sí mismo [su carne] las enemistades" (Efesios 2:16). "La enemistad" estaba "en sí mismo", al estar en la carne. Y allí "en su carne", lo aniquiló y lo abolió. Y Él podía hacer esto, solo al estar verdaderamente "en su carne".

Así Jesús tomó sobre sí la maldición en toda su plenitud, tal como ésta afecta a la raza humana. Eso sucedió cuando fue "hecho por nosotros maldición". Pero "la maldición sin causa nunca vendrá", ni vino nunca: el pecado es la causa de la maldición. Él fue hecho maldición por nosotros, a causa de nuestros pecados. Y a fin de poder afrontar la maldición tal como pesa sobre nosotros, debió afrontar el pecado, tal como es en nosotros. Así pues, Dios "al que no conoció pecado, hizo pecado por nosotros". Y eso "para que nosotros fuésemos hechos justicia de Dios EN ÉL" (2ª Corintios 5:21).

Y aunque se colocó enteramente en la misma situación de gran desventaja en la que está la raza humana –hecho en todo punto como nosotros, y por lo tanto tentado en todo como nosotros–, sin embargo, ni en un solo pensamiento consintió que una sola tendencia o inclinación de la carne gozaran del más mínimo reconocimiento, sino que fueron todas ellas arrancadas de raíz por el poder de Dios, que trajo a la humanidad mediante la fe divina.

"Así que, por cuanto los hijos participaron de carne y sangre, Él también participó de LO MISMO, para destruir por medio de la muerte al que tenía el imperio de la muerte, esto es, al diablo, y librar a los que por el temor de la muerte estaban durante toda la vida sujetos a servidumbre. Porque ciertamente no tomó para sí la naturaleza de los ángeles, sino que tomó la de la simiente de Abraham. Por cuanto le era preciso ser en todo semejante a sus hermanos, para venir a ser misericordioso y fiel Sumo Sacerdote en lo que a Dios se refiere, para hacer reconciliación por los pecados del pueblo. Porque en cuanto Él mismo padeció siendo tentado, es poderoso para socorrer a los que son tentados" (Hebreos 2:14-18).

Y esa victoria que obró Cristo en carne humana es traída por el Espíritu Santo al rescate de todos aquellos en carne humana quienes ahora creen en Jesús. Porque mediante el Espíritu Santo, la presencia de Cristo mismo viene al creyente; ya que es su constante deseo el "que os de, conforme a las riquezas de su gloria, el ser corroborados con potencia en el hombre interior por su Espíritu. Que habite Cristo por la fe en vuestros corazones; para que, arraigados y fundados en amor, podáis bien comprender con todos los santos cuál sea la anchura y la longitud y la profundidad y la altura, y conocer el amor de Cristo, que excede a todo conocimiento, para que seáis llenos de toda la plenitud de Dios" (Efesios 3:16-19).

Así, la liberación de la culpa del pecado, y del poder de éste, que hace que el creyente triunfe sobre todos los deseos, tendencias e inclinaciones de su carne pecaminosa, mediante el poder del Espíritu de Dios, tiene hoy lugar por la presencia personal de Cristo Jesús en carne humana en el creyente, tal como sucedió hace dos mil años.

Cristo siempre "es el mismo ayer, y hoy, y por los siglos". Tal sucede con su evangelio. El evangelio de Cristo es hoy el mismo que hace dos mil años. Entonces era "Dios… manifestado en carne"; hoy también: Dios manifestado en la misma carne, en la carne de hombres pecaminosos, carne humana, tal como es la naturaleza humana.

El evangelio es "Cristo en ti, la esperanza de gloria", – Cristo en ti, tal como eres, pecados y pecaminosidad incluidos; ya que Él se dio a sí mismo por nuestros pecados, y por nuestra pecaminosidad. Y tú, tal como eres, Cristo te compró, y Dios te hizo acepto en el Amado. Él te ha recibido tal como eres, y el evangelio –Cristo en ti, la esperanza de gloria– te pone bajo el reino de la gracia de Dios y mediante el Espíritu de Dios te sujeta tan firmemente al poder de Cristo y de Dios que "el fruto del Espíritu" aparece en lugar de las "obras de la carne".

Y el fruto del Espíritu es:

AMOR. "El amor de Dios está derramado en nuestros corazones por el Espíritu Santo que nos es dado (Romanos 5:5)". En lugar de dar lugar al odio –siquiera en pensamiento–, o cualquier sentimiento afín, nadie puede hacer contra ti nada que logre despertar otra cosa que no sea amor. Ese amor, proviniendo de Dios, "es el mismo ayer, y hoy, y por los siglos", y no ama por recompensa, sino simplemente porque ama, porque es amor, y siendo sólo eso, no puede hacer otra cosa.

GOZO. "Es la felicidad desbordante que surge del bien presente o futuro". Pero en este caso, la disyunción queda descartada, ya que se trata de felicidad desbordante surgida del bien actual, Y TAMBIÉN del que se espera, debido a que la causa del mismo es eterna. En consecuencia, es eternamente presente, y eternamente esperado. Y por lo tanto es "satisfacción exultante".

PAZ. Perfecta paz que reina en el corazón. "La paz de Dios, que supera todo entendimiento" (Filipenses 4:7); y que guarda el corazón y la mente de todo aquel que la posee.

TOLERANCIA, BENIGNIDAD, BONDAD, FE. Esa fe –del griego pistis–, es "la firme persuasión; la convicción basada en la confianza, NO en el conocimiento [la fe "del corazón", no de la cabeza; la fe de Cristo, no la del credo]; sólida confianza, alimentada por la convicción, que supera lo que se opone o contradice".

MANSEDUMBRE, TEMPLANZA. La templanza es dominio propio. El Espíritu de Dios libera al hombre de la esclavitud a sus pasiones, concupiscencias y hábitos, y lo hace libre, dueño de sí mismo.

"Contra tales cosas no hay ley". La ley de Dios no va contra otra cosa que no sea el pecado. En la vida de los hombres, la ley de Dios va contra todo lo que no es el fruto del Espíritu de Dios. Por lo tanto, todo lo que en la vida del hombre no es el fruto del Espíritu de Dios, es pecado. Eso no es más que otra forma de decir que "todo lo que no es de fe, es pecado", y esto es una verdad eterna.

Así pues, "si vivimos en el Espíritu, andemos también en el Espíritu". Y puesto que vivimos y andamos en el Espíritu, "no seamos" –Sí, no seremos, no podemos ser– "codiciosos de vana gloria, irritando los unos a los otros, envidiándose los unos a los otros".

Capítulo 26

La perfección cristiana

Alonzo Jones

"SED, pues, vosotros perfectos". El himno que acabamos de cantar, "Salvo en los tiernos brazos", procura el terreno apropiado para el texto de Mateo 5:48. Sabéis que eso es lo que la Palabra de Dios dice. Conocéis la exhortación de Hebreos 6:1 a ir "adelante a la perfección". Sabéis que el evangelio, la predicación misma del evangelio que vosotros y yo anunciamos, tiene por fin "que presentemos a todo hombre perfecto en Cristo Jesús" (Colosenses 1:28). Por lo tanto, no tiene lugar en nosotros el que digamos que no se espera de nosotros la perfección. Se espera de nosotros. La debes esperar de ti mismo. La debo esperar de mí mismo. Y no debo aceptar nada de mí, o en mí, que no alcance la norma de la perfección por Dios establecida. ¿Qué otra cosa podría impedirnos más eficazmente el alcanzar la perfección, que pensar que tal cosa no se espera de nosotros? Repito, ¿qué podría impediros más efectivamente a vosotros y a mí el alcanzar la perfección, sino el decir que no se espera que seamos perfectos?

Entonces, como está asentado que la Palabra dice que tú y yo debemos ser perfectos, lo único que debemos considerar es el camino. Eso es todo. Dejemos asentado que la perfección, tal como Dios la ha establecido, es lo que se espera de vosotros y de mí. Y que no aceptaremos nada en nosotros mismos, en lo que hemos hecho, ni nada acerca de nosotros que esté alejado por el espesor de un cabello de la perfección tal y como Dios la ha establecido. Dejemos esto asentado para todos y por siempre. Entonces, investiguemos solamente el camino, y el hecho se cumplirá.

¿Cuál es, pues, la norma? ¿Cuál es la norma establecida por Dios? "Sed, pues, vosotros perfectos, como vuestro Padre que está en los cielos es perfecto". La perfección de Dios es la única norma. Y tú y yo debemos establecernos justo ahí, y pararnos cara a cara con nosotros mismo, siempre demandándonos que habrá perfección tal como que Dios está en nosotros y miraremos sin la mínima tolerancia las disculpas o excusaremos de cualquier cosa en nosotros mismos que esté en cualquier grado concebible por debajo de esa perfección.

Está suficientemente claro que no podemos ser perfectos en grandeza, como lo es Dios, tampoco en omnipotencia ni omnisciencia. Dios es carácter, y es la perfección de carácter como la de Él, la que ha establecido para ti y para mí para que la alcancemos, la cual solamente debemos esperar y aceptar en nosotros mismos. Entonces, cuando es la propia perfección de Dios la cual tú y yo debemos tener, y la única que aceptaremos de nosotros mismos, y nos sujetamos siempre a esa norma, os daréis cuenta enseguida de que eso será para ti y para mí el tenernos constantemente ante la presencia del juicio de Dios. Ahí es donde cada uno de nosotros espera estar, seamos justos o malvados. ¿Por qué entonces no estar ahí y terminar con esto? Está establecido que vosotros y yo comparezcamos ante el tribunal del juicio de Cristo, y allí cada uno de nosotros será medido de acuerdo con esa norma. Dios "ha establecido un día en el cual juzgará al mundo con justicia, por aquel varón a quien Él designó; dando fe a todos con haberle resucitado de los muertos" (Hechos 17:31).

La resurrección de Cristo es la garantía que Dios da al mundo de que todo hombre comparecerá ante el tribunal del juicio de

Cristo. Es un hecho cierto. Lo esperamos, lo predicamos, lo creemos. Entonces, ¿por qué no ponernos ahí, y permanecer firmemente? ¿Por qué esperar? Aquellos que esperan y continúan esperando, no podrán entonces mantenerse en pie ahí. El impío no puede permanecer en este juicio; pero aquellos que se ponen así mismos ante el tribunal de juicio de Dios, encarando la norma del juicio, y se mantienen constantemente allí en pensamiento, palabra y acción, están preparados para el juicio en cualquier momento. ¿Preparados? –Lo tienen, están allí, lo están pasando, están invitando al juicio, y a todo lo que éste conlleva. Están allí esperando ser aprobados, y sólo quien actúa así, puede estar a salvo. La bendición misma que viene con ello es toda la recompensa que una persona necesita para ponerse ahora mismo ante el tribunal del juicio. Y estando allí, ¿habrá algo que pueda temer? –Nada. Y ¿qué es lo que echa fuera el temor? –El perfecto amor. Pero el perfecto amor puede venir solamente de nuestro encuentro de aquella norma perfecta del juicio, en el juicio, y puede ser mantenida solamente permaneciendo allí.

Siendo aquello asentado, investiguemos el camino. El camino, esa es la clave. Ha quedado asentado entonces que mía no es la norma. ¡Medita en esto! "Sed, pues, vosotros perfectos, como vuestro Padre que está en los cielos es perfecto". Su perfección es la única norma. Ahora, ¿qué medida, o qué estimación de la norma es la apropiada? No es la mía, puesto que yo no puedo medir la perfección de Dios. Probablemente esté acudiendo a vuestra mente el Salmos 119:96: "A toda perfección veo límite, pero, ¡cuán inmensos son tus mandamientos!".

Ninguna mente finita puede medir la perfección de Dios. Por lo tanto, queda claro hasta ahora que debemos ser perfectos, que nuestra perfección debe ser como la suya, y de acuerdo a su propia estimación de su propia perfección. Entonces, eso aleja de vosotros y de mí todo el plan, y todo lo que tenga que ver con el mismo, en cuanto a su realización. Ya que no puedo medir la norma, ¿cómo podré procurarla, incluso si se me diese la tarea de obrarlo? Así que, dejemos asentado también, que en cuanto al cómo hacerlo, está absolutamente más allá de ti.

Hace muchísimo tiempo, dijo alguien: "Ciertamente yo conozco que es así: ¿Y cómo se justificará el hombre con Dios? Si quisiere contender con Él, no le podrá responder a una cosa de mil... Si habláremos de su potencia, fuerte por cierto es; si de juicio, ¿quién me emplazará?" (Job 9:2,3,19).

Y cuando tenga que venir a alegar, ¿entonces qué? "Si yo me justificare, me condenará mi boca". Si yo puedo valorarme según mi propia satisfacción y pronunciar el balance establecido, cuando es puesta junto a la estimación de Dios, mi estimación es tan deficiente que absolutamente me condena. No hay ahí ninguna base para la justificación. "Si yo digo que soy perfecto, mi propia boca probará mi perversidad".

"Bien que yo fuese íntegro, no conozco mi alma: Reprocharé mi vida" (Job 9:32). Mi propia norma de integridad [perfección], al ser llevada a la presencia de Dios y al ser vista a su luz, resultaría tan deficiente que hasta yo mismo la reprocharía. "Aunque me lave con aguas de nieve, y limpie mis manos con la misma limpieza, aún me hundirás en el hoyo, y mis propios vestidos me abominarán" (Job. 9:1,2,19-21,30,31).

Eso es todo cuanto podemos aproximarnos a la norma, si se nos encomendara el obrarlo.

Por lo tanto, abandonemos por siempre toda idea de que la perfección es algo que nosotros debemos obrar. La perfección es aquello a lo cual debemos llegar, nada más que eso. Dios la espera, y ha hecho provisión para eso. Es para ello que fuimos creados. El único objeto de nuestra existencia es precisamente ese, ser perfectos con la perfección de Dios. Y recuérdese que debemos ser perfectos de acuerdo con su carácter. Su norma de carácter debe ser la nuestra. Si, su mismo carácter debe ser el nuestro. No debemos tener uno como el suyo: sino el suyo mismo debe ser el nuestro. Y aquello solamente es la perfección cristiana.

Visto que eso es lo que hemos de poseer, todo queda explicado en tres textos. El primero de ellos está en el primer capítulo de Efesios. Comenzamos por el versículo tercero, para comprender bien el cuarto:

"Bendito el Dios y Padre del Señor nuestro Jesucristo, el cual nos bendijo con toda bendición espiritual en lugares celestiales en Cristo: Según nos escogió en Él antes de la fundación del mundo, [ahora, observad para qué nos escogió; ese fue su objetivo que Él tuvo desde antes de la fundación del mundo, al escogeros a vosotros y a mí, y al traernos a esta hora. Entonces afrontemos la cuestión] para que fuésemos santos y sin mancha delante de Él en amor".

Ese es el único pensamiento con respecto a nosotros. Es para eso que nos hizo, tal es la razón de nuestra existencia. Hagámonos en este punto una pregunta: Si eso es así, ¿por qué no lo asumimos? ¿por qué no tan solo cumplimos ahora mismo el objetivo de nuestra existencia, y somos santos y sin mancha delante de Él en amor?

El siguiente texto está en Colosenses 1:19-22: "por cuanto agradó al Padre que en Él habitase toda plenitud, y por medio de Él reconciliar todas las cosas consigo; así las que están en la tierra como las que están en el cielo, haciendo la paz mediante la sangre de su cruz. Y también a vosotros, que erais en otro tiempo extraños y enemigos en vuestra mente por las malas obras, ahora os ha reconciliado en su cuerpo de carne, mediante la muerte; para presentaros santos y sin mancha e irreprensibles delante de Él".

Primeramente, Él nos hizo con ese propósito. Por el pecado fuimos enteramente desviados de dicho propósito, frustrado completamente, pero Él sufrió la cruz. Así agrado a Dios hacerlo y así agrado a Cristo hacerlo, para que su propósito original pudiera ser cumplido. El punto es que mediante su cruz nos reconcilió para que su propósito original pudiera ser cumplido en nosotros –el propósito que tuvo desde antes de la fundación del mundo–, de que fuéramos santos y sin mancha ante Él, en amor.

La sangre de Cristo, la reconciliación de paz que es traída al mundo por Cristo Jesús, tiene por objeto "haceros santos", es decir, que pueda hacer aquello que era su designio desde antes de la fundación del mundo: QUE PUDIERA PRESENTAROS A VOSOTROS Y A MÍ "santos, y sin mancha, e irreprensibles delante de Él".

El camino a la perfección cristiana es el camino de la cruz, y no hay otro. Quiero decir que no hay otro camino para vosotros y para mí. El camino para traérnosla, el único camino, fue el de la cruz. Cristo transitó por él, y nos trajo la perfección; y la única forma en la que vosotros y yo podremos recibirla es por el camino de la cruz. Su providencia determinó que Él mismo la obrase. El obrarla no es de ninguna manera nuestra asignación.

Ahora obsérvese en Efesios 4:7-13 lo que eso realiza efectivamente, cuán plenamente ha provisto Dios para la necesidad.

"Empero a cada uno de nosotros es dada la gracia conforme a la medida del don de Cristo". Ahora pensad: por lo visto hasta aquí en nuestro estudio, ¿qué fue lo que hizo el don de Cristo? Hizo "la paz mediante la sangre de su cruz", y reconcilió a todos con Dios. Y lo hizo para hacernos lo que designó que debíamos ser, desde antes de la fundación del mundo: "santos, y sin mancha, e irreprensibles delante de Él" (Colosenses 1:22). Esa es la medida del don de Cristo. Y cumplió el propósito para todos, en el sentido de que abrió el camino para todos. Y a cada uno de nosotros, ahora mismo, nos es dada la gracia de acuerdo a esa misma medida. Por lo tanto, aquello que la cruz nos trajo, poniéndolo a nuestro alcance; la gracia de Dios nos lo da, y lo cumple en nosotros.

Ahora sigamos leyendo y verás que todo esto es así, hasta la misma palabra perfección: "Empero a cada uno de nosotros es dada la gracia conforme a la medida del don de Cristo. Por lo cual dice: Subiendo a lo alto, llevó cautiva la cautividad, y dio dones a los hombres... Y Él mismo dio a unos, apóstoles; y a unos, profetas; y a unos, evangelistas; y a unos, pastores y maestros", ¿para qué? "PARA PERFECCIÓN DE LOS SANTOS". Hermanos, cuando esos dones se dan para ese propósito, ¿qué estamos haciendo cuando no aceptamos el hecho y anhelamos los dones y oramos por ellos y recibimos los dones que cumplen el propósito?

"Para perfección de los santos, para la obra del ministerio, para edificación del cuerpo de Cristo; HASTA" –dados con un objeto; otorgados con un propósito, un definido, distinto y determinado propósito, y HASTA que se cumpla ese propósito. Se ha dado "para perfección de los santos", y se ha dado "HASTA QUE TODOS LLEGUEMOS a la unidad de la fe y del conocimiento del Hijo de Dios, a un VARÓN PERFECTO, a la medida de la edad de la PLENITUD DE CRISTO".

La perfección es, pues, el único objetivo. La norma de Dios es la única norma. "Sed, pues, vosotros perfectos, como vuestro Padre que está en los cielos es perfecto" (Mateo 5:48). No podemos medirlo; ni podríamos conseguirlo si se nos diese hacerlo. Este es el propósito de la creación del hombre, y cuando ese objetivo fue frustrado por el pecado, Él lo hizo posible para todos, por la sangre de su cruz, y lo hace seguro para asegura a todo creyente mediante los dones del Espíritu Santo. Así, pregunto de nuevo, ¿por qué no deberíamos constantemente encarar a la perfección cristiana, y aceptar nada nuestro sino eso?

El versículo 24 de la carta de Judas se relaciona directamente con lo que hemos dicho y leído: "A aquel, pues, que es poderoso para guardaros sin caída, y presentaros delante de su gloria irreprensibles, con grande alegría. Al Dios solo sabio, nuestro Salvador, sea gloria y magnificencia, imperio y potencia, ahora y en todos los siglos. Amén".

"Nos escogió en Él antes de la fundación del mundo para que fuésemos santos y sin mancha delante de Él en amor" (Efesios 1:4). Mediante la cruz, lo hizo posible para toda alma, a pesar de que el pecado nos había hecho perder toda posibilidad. Y mediante la cruz, compró el derecho de "haceros santos, sin mancha e irreprensibles ante Él". El derecho para hacer tal cosa le pertenece solo a Él. Vosotros y yo no podríamos hacerlos si se nos diese la tarea, pero el derecho para hacerlo no nos pertenece. Cuando lo perdimos, nada más que la cruz del Calvario podría restaurarlo. Y nadie podría pagar el precio del Calvario, excepto Aquel que efectivamente lo pagó. Por lo tanto, el derecho es exclusivamente suyo, en virtud de esa cruz. Ningún otro que no haya sufrido literalmente la cruz del Calvario, puede tener algún derecho de comenzar la tarea para el cumplimiento de esa obra. Sólo Él sufrió la cruz: sólo a Él pertenece la obra. Y permanece la palabra: Él "es poderoso". "Es poderoso para... presentaros delante de su gloria irreprensibles". El que fue poderoso para sufrir la cruz, es poderoso para cumplir todo lo que la cruz hizo posible. Así pues, Cristo "es poderoso para... presentaros delante de su gloria irreprensibles, con grande alegría". ¿CUÁNDO? Esa es la pregunta. ¿Cuándo?

[Voces: 'Ahora']

Precisamente. Él es el mismo ayer, hoy, y por los siglos. Es poderoso ahora, como lo fue entonces, o como lo será siempre. Sin embargo, manténgase presente que sólo por el camino de la cruz nos es dado a vosotros o a mí, ahora y siempre.

Estudiemos la Palabra, a fin de comprobarlo. Leamos Romanos 5:21, y luego echemos un vistazo al capítulo seis, ya que trata del mismo asunto. Los dos últimos versículos de Romanos 5 dicen: "Y la ley entró para que el pecado abundase; pero cuando el pecado abundó, sobreabundó la gracia; Para que, de la manera que el pecado reinó para muerte, así también la gracia reine por la justicia para vida eterna, por Jesucristo, nuestro Señor".

Ahora detengámonos en la comparación o más bien el contraste, entre "de la manera que" y "así también": "para que, de la manera que el pecado reinó para muerte". Sabéis cómo reinó el pecado. Todos los presentes conocemos la forma en la que el pecado reinó. Algunos pudieran saber aún como reina. Cuando el pecado reinaba, el reino era absoluto, de forma que era más fácil hacer lo malo que lo bueno. Queríamos hacer el bien; pero "no hago el bien que quiero; mas el mal que no quiero, éste hago" (Romanos 7:19). Ese es el reino del pecado. Así, cuando reinaba el pecado, era más fácil hacer el mal que hacer el bien.

"Así también la gracia reine por la justicia". Cuando la gracia reina, es más fácil hacer lo bueno que hacer lo malo. Esa es la comparación. Observad: De la manera que el pecado reinó, así también reina la gracia. Cuando el pecado reinó, éste reinó contra la gracia; rechaza todo el poder de la gracia que Dios le había dado; pero cuando el poder del pecado es roto, y reina la gracia, entonces la gracia reina contra el pecado, y rechaza todo el poder de éste. Así, es tan literalmente cierto que bajo el reino de la gracia es más fácil hacer el bien que el mal, como también es cierto que bajo el reino del pecado es más fácil hacer el mal que el bien.

Así pues, el camino queda despejado, ¿no os parece? Caminemos pues por él. "Para que, de la manera que el pecado reinó para muerte, así también la gracia reine por la justicia, para vida eterna por Jesucristo Señor nuestro. ¿Pues qué diremos? ¿Perseveraremos en pecado para que la gracia crezca?".

[Voces: 'Dios no lo permita'].

Decís, 'Dios no lo permita'. Está bien: No lo permita. Ahora Dios ha puesto su prohibición y tú la respaldas, contra el pecado, para que la gracia abunde. Pero, ¿acaso no ha puesto Dios su prohibición contra el pecar, en toda forma? ¿Apruebas eso? ¿Pones tu respaldo en la prohibición de Dios de que pecarás bajo el reino de la gracia?

¿Lo aceptáis?

[Voces: 'Sí'].

Entonces ¿acaso no es su designio que seamos guardados de pecar? Y cuando sabemos que Él tiene este propósito, entonces, podemos confiadamente esperarlo. Si no lo esperamos, jamás tendrá lugar. Así pues, el primer versículo del capítulo seis de Romanos enseña que es el plan de Dios que seamos guardados de pecar, ¿no es así?

¿Qué dice el segundo versículo?: "Los que somos muertos al pecado, ¿cómo viviremos aún en él?" (Romanos 6:2). ¿Qué significa este versículo? Que de ninguna manera continuaremos en pecado. Entonces estando muertos traídos al sepulcro. Enterrados con Él por el bautismo, en la muerte, y resucitados para andar en novedad de vida. "Sabiendo esto, que nuestro viejo hombre juntamente fue crucificado con Él, para que el cuerpo del pecado sea destruido, a fin de que no sirvamos más al pecado" (Romanos 6:6). Aquí está expuesto ante nosotros el camino, y es el camino de la cruz.

Ahora, notad en el texto tres cosas: Sabiendo esto, que nuestro viejo hombre fue crucificado con Él. ¿Y con qué objeto? "para que el cuerpo de pecado fuera destruido". ¿Y cuál es el objetivo final? "a fin de que no sirvamos más al pecado". A menos que el cuerpo del pecado sea destruido, serviremos al pecado. A menos que el viejo hombre sea crucificado, el cuerpo de pecado no es destruido. Por lo tanto, el camino para ser guardado de pecar, es el camino de la crucifixión y destrucción.

La única cuestión que tenemos que resolver es pues, la siguiente: ¿Preferiré ser crucificado y destruido, antes que pecar? Si contigo está eternamente establecido que preferirías ser crucificado y más bien encontrar la destrucción en este momento que pecar, nunca pecarás. "Crucificado con Él, para que el cuerpo de pecado fuera destruido, a fin de que no sirvamos más al pecado". Por lo tanto, la liberación de ser siervos del pecado viene solamente mediante crucifixión y destrucción. ¿Elijes pecado, o elijes crucifixión y destrucción? ¿Elegirás destrucción, y escaparás así al pecado? ¿o bien elegirás pecado, y con él la destrucción también? He ahí la cuestión. No existe otra alternativa. El que evadiría la destrucción, para escapar de la destrucción, se encuentra con la destrucción. Quien elige la destrucción, escapará de la destrucción.

Bien, pues el camino de la destrucción por la cruz de Cristo, es el camino de la salvación. Jesucristo fue a la destrucción en la cruz, para traernos salvación a ti y a mí. Esto costó la destrucción del Hijo de Dios en la cruz. ¿Consentiremos ser destruidos, para tener la salvación? ¿Lo harás? Todo aquel que lo decida con firmeza y lo sostenga en su mano como una oferta eterna, que dé destrucción a cada momento de su vida, para salvación, nunca le faltará salvación.

Pero aquí es donde viene el problema. La destrucción no es nada placentera; no es fácil. No es fácil para el viejo hombre. No apetece de forma natural ser destruido; pero para aquel que lo experimenta, es fácil. Es fácil cuando se hace, y es fácil continuar por siempre, una vez se experimenta.

Ahora, ¿en qué momento debemos experimentarlo? ¿Cuándo es que nos presenta delante de su gloria irreprensibles? –Ahora: y el único camino es el de la destrucción. Ahora es el momento de elegir la destrucción. Ahora es el momento de entregarte por siempre a la destrucción. Pero si me retengo, si esquivo la destrucción, ¿de qué me estoy en realidad privando? –De la salvación. "Sabiendo esto, que nuestro viejo hombre juntamente fue crucificado con Él, para que el cuerpo del pecado sea destruido, a fin de que no sirvamos más al pecado".

Si debo, pues, enfrentar alguna experiencia que me presioné de tal modo que parece significar la destrucción, eso será bueno; ya que destrucción es precisamente lo que he elegido, a fin de dejar de servir al pecado. Tal rendición trae placer cristiano a la vida por el gozo, la paz duradera y la satisfacción de ser guardado de pecar, vale la pena toda la destrucción que pueda venir alguna vez a ti y a mí. Vale la pena. No es de ninguna manera un intercambio desfavorable, sino el más grandioso que jamás se haya ofrecido al hombre.

Crucifixión, destrucción, y entonces de ahora en adelante no servir más al pecado, – entonces, ahí, está el camino a la perfección cristiana. ¿Por qué? "Porque el que ha muerto, libre es del pecado" (Romanos 6:7). A Dios sean dadas gracias, aquel que está muerto, liberado es del pecado. Entonces, la única pregunta que puede surgir en vuestra vida o la mía, es ¿estoy yo muerto? Y si no lo estoy, y algo sucede que lo logra, la única consecuencia es la liberación del pecado; y eso vale sobradamente lo que cuesta.

Vayamos al siguiente versículo: "Y si morimos con Cristo, creemos que también viviremos con Él". El primer versículo implica que seremos libres de pecado. El segundo implica lo mismo que el primero. El sexto dice: para que no sirvamos más al pecado en adelante; el séptimo dice que el que es muerto, es liberado de pecado; el octavo, que, si somos muertos con Cristo, viviremos también con Él. ¿Dónde vive Él, en justicia o en pecado?

[Voces: 'En justicia'].

Cierto. Por lo tanto, es evidente que los versículos primero, segundo, sexto, séptimo y octavo del capítulo seis de Romanos, implican que seremos guardados de pecar.

¿Qué hay en cuanto al versículo noveno? "Sabiendo que Cristo, habiendo resucitado de entre los muertos, ya no muere: la muerte ya no se enseñoreará más de Él" (Romanos 6:9). ¿Cómo fue que la muerte pudo tener entonces dominio sobre Él? –A causa del pecado. No el suyo, sino el nuestro; ya que "al que no conoció pecado, hizo pecado por nosotros" (2ª Corintios 5:21). Entonces la muerte no tiene ya más dominio sobre Él. Ganó la victoria sobre el pecado, y sobre todas las consecuencias de éste por siempre. Entonces, ¿qué nos dice ese versículo a vosotros y a mí? –Que somos resucitados con Él. "Porque en cuanto murió, al pecado murió una vez; pero en cuanto vive, para Dios vive". Así, tanto el noveno como el décimo versículos implican también que seremos guardados de pecar.

El undécimo: "Así también vosotros consideraos en verdad muertos al pecado, pero vivos para Dios en Cristo Jesús, Señor nuestro. No reine, pues, el pecado en vuestro cuerpo mortal, para que le obedezcáis en sus concupiscencias". La implicación, una vez más, es que no pecaremos.

"Ni tampoco presentéis vuestros miembros al pecado por instrumentos de iniquidad; antes presentaos a Dios como vivos de los muertos, y vuestros miembros a Dios por instrumentos de justicia. Porque el pecado no se enseñoreará de vosotros; pues no estáis bajo la ley, sino bajo la gracia". El reino de la gracia eleva las almas por encima del pecado, las mantiene allí, reina contra el poder del pecado, y libra al alma de pecar.

"¿Pues qué? ¿Pecaremos, porque no estamos bajo de la ley, sino bajo de la gracia? En ninguna manera". Así, desde el primero hasta el decimocuarto versículo del capítulo sexto de Romanos, se predica una y otra vez liberación del pecado y de pecar. Eso es grandioso, pero todavía hay algo más avanzado que aquello.

"Vamos adelante a la perfección".

Ahora escucha: "¿No sabéis que a quien os prestáis vosotros mismos por siervos para obedecerle, sois siervos de aquel a quien obedecéis, o del pecado para muerte, o de la obediencia para justicia?" (Romanos 6:16). Librados del poder del pecado, ¿a quién os entregasteis? – A Dios; por lo tanto, sois sus siervos, puestos en libertad para el servicio de la justicia. No es el propósito de Dios que guardarnos de pecar resulte en una vida vacía, su propósito es el de un servicio activo e inteligente por nuestra parte, y que la justicia sea el único resultado. Ser liberado del pecado, y ser guardado de pecar, es algo grande y sublime; lo mismo cabe decir de ser hecho siervo de la justicia, de manera que nuestro servicio sea para justicia.

Por lo tanto, que toda alma se haga eco de las palabras: "Empero gracias a Dios, que, aunque fuisteis siervos del pecado, habéis obedecido de corazón a aquella forma de doctrina a la cual sois entregados; y libertados del pecado, SOIS HECHOS SIERVOS DE LA JUSTICIA" (Romanos 6:17,18). ¡Gracias a Dios por ello! Él dice que lo sois, y si es Él quien lo dice, ciertamente lo sois. Dadle gracias por ello. Agradecedle por ser liberados del pecado; y agradeced al Señor porque sois siervos de la justicia. Él os ha hecho tal cosa; ya que así lo declara.

Pero todavía no es todo: "Humana cosa digo, por la flaqueza de vuestra carne: que como para iniquidad presentasteis vuestros miembros a servir a la inmundicia y a la iniquidad, así ahora para santidad presentéis vuestros miembros a servir a la justicia. Porque cuando fuisteis siervos del pecado, erais libres acerca de la justicia". El Señor en esto apela a vuestra experiencia y la mía. "Cuando fuisteis siervos del pecado, erais libres acerca de la justicia". Sabéis que así es. Oíd el complemento de lo anterior: "¿Qué fruto, pues teníais de aquellas cosas de las cuales ahora os avergonzáis? Porque el fin de ellas es muerte. Mas ahora, librados del pecado, y hechos siervos de Dios, tenéis por vuestro fruto la SANTIFICACIÓN, y por fin la VIDA ETERNA" (Romanos 6:19-22).

No somos siervos del pecado, liberados de la justicia; sino que somos siervos de la justicia, liberados del pecado. Mientras considero estas cosas, y habiendo el Señor saciado mi alma con todo ello, acude a mi mente una expresión de Milton, que describe los cantos de los ángeles como "dulzura contenida en melodía sostenida". Ese capítulo seis de Romanos es una de esas notas de dulzura contenida en melodía sostenida.

Comienza con liberación del pecado: que es algo grande. A continuación, liberación de pecar: extraordinario. Después, siervos de la justicia: maravilloso. Luego, santidad: sublime. Y sobre todo ello, finalmente, vida eterna. ¿No os parece que son notas –en este caso del Señor– de dulzura contenida en melodía sostenida? Oh, recíbelas, permanece en ellas, absorbe esas dulces notas, y permite que resuenen en tu ser día y noche: hacen bien al alma.

Y ese es el camino a la perfección cristiana. Es el camino de la crucifixión, para destrucción del cuerpo de pecado, para liberación de pecar, para servir a la justicia, a la santidad, a la perfección en Jesucristo, por el Espíritu Santo, para vida eterna.

Volvamos de nuevo a la afirmación de que los dones son para la perfección de los santos, "hasta que todos lleguemos en la unidad de la fe y del conocimiento del Hijo de Dios, a un varón perfecto, a la medida de la estatura de la plenitud de Cristo" (Efesios 4:13). Ahí está el modelo. El camino por el que Cristo vino a este mundo de pecado, y en carne pecaminosa –vuestra carne y la mía, con la carga de los pecados del mundo–, el camino por el que Él vino, en perfección y a la perfección, es el camino establecido ante nosotros.

Él nació del Espíritu Santo. En otras palabras, Él nació de nuevo. Vino del cielo, el unigénito Hijo de Dios, a la tierra, y nació de nuevo. Pero todo, en la obra de Cristo, guarda un patrón inverso al nuestro: Él, quien no conoció pecado, fue hecho pecado, a fin de que nosotros pudiésemos ser hechos justicia de Dios en Él. Él, el que es, el que vive, el Príncipe y Autor de la vida, murió para que podamos vivir. Aquel cuyas salidas son desde el principio, desde los días del siglo, el Primogénito de Dios, nació de nuevo, para que nosotros pudiésemos nacer de nuevo.

Si Jesucristo nunca hubiese nacido de nuevo, ¿podríamos haberlo hecho vosotros y yo? –No. Pero Él nació de nuevo, del mundo de justicia al mundo de pecado; a fin de que nosotros pudiésemos nacer de nuevo, del mundo de pecado al mundo de justicia. Él nació de nuevo, y fue hecho participante de la naturaleza humana, para que nosotros pudiésemos nacer de nuevo y ser así participantes de la naturaleza divina. Él nació de nuevo, a la tierra, al pecado y al hombre, para que podamos ser nacidos de nuevo al cielo, a la justicia y a Dios.

El hermano Covert ha dicho que nos convierte en una familia. Ciertamente nos hermana, y Él no se avergüenza de llamarnos hermanos suyos.

Así pues, Él nació nuevamente del Espíritu Santo; porque está escrito que fue dicho a María: "El Espíritu Santo vendrá sobre ti, y la virtud del Altísimo te hará sombra; por lo cual también lo Santo que de ti nacerá, será llamado Hijo de Dios" (Lucas 1:35). Jesús, nacido del Espíritu Santo, nacido de nuevo, creció "en sabiduría, y en edad" hasta la plenitud de la vida y el carácter en el mundo, llegando hasta el punto de poder decir a Dios, "Yo te he glorificado en la tierra: he acabado la obra que me diste que hiciese" (Juan 17:4). El designio y plan de Dios en Él habían llegado a la perfección.

Jesús, nacido de nuevo, nacido del Espíritu Santo, nacido de carne y de sangre, lo mismo que nosotros, el Comandante de nuestra salvación, fue perfeccionado "mediante aflicciones".

Porque "aunque era Hijo, por lo que padeció aprendió la obediencia. Y perfeccionado, vino a ser una fuente de eterna salvación para todos los que le obedecen" (Hebreos 2:10; 5:8,9).

Jesús, pues, alcanzó la perfección en carne humana, mediante sufrimientos; ya que es en un mundo de sufrimientos donde nosotros, en carne humana, debemos alcanzarla.

Y aunque siempre estuvo creciendo, fue perfecto en todo momento. ¿Comprendéis eso? Ahí es donde muchos confunden el concepto básico de la perfección cristiana –piensan que lo último es la única medida. Y está así en el plan de Dios; pero lo último no se alcanza al principio.

Vayamos nuevamente al capítulo cuatro de Efesios. Ahí se nos hace una sugerencia, en cuanto a cómo alcanzar esa perfección, –"la medida de la estatura de la plenitud de Cristo". He leído el versículo decimotercero; ahora relacionadlo con el 14 y 15: "Hasta que todos lleguemos en la unidad de la fe y del conocimiento del Hijo de Dios, a un varón perfecto, a la medida de la estatura de la plenitud de Cristo; para que ya no seamos niños fluctuantes, llevados por doquiera de todo viento de doctrina, por estratagema de hombres que para engañar emplean con astucia las artimañas del error. Antes hablando la verdad en amor, crezcamos en todas las cosas, en Aquél que es la cabeza, en Cristo".

Por medio del crecimiento es como debe cumplirse en vosotros y en mí; pero no puede existir crecimiento allí donde falta la vida. Se trata de crecimiento en conocimiento de Dios, en la sabiduría de Dios, en su carácter, crecimiento en Dios; por lo tanto, puede solamente darse por la vida de Dios. Pero esa vida es sembrada en el hombre en el nuevo nacimiento. Nace de nuevo, nace del Espíritu Santo; y la vida de Dios es allí implantada, para que "crezcamos... en Aquel", ¿en cuántas cosas? "en todas cosas".

La perfección cristiana

Recordáis que "el reino de los cielos es semejante al hombre que siembra buena simiente en su campo". Y "la simiente es la palabra de Dios". La semilla es plantada. Ésta crece día y noche, sin que se sepa cómo. Ahora, esa semilla, ¿es perfecta? –Sí: Dios la hizo perfecta. Comienza a brotar. ¿Qué diremos del brote? [Congregación: 'Igualmente perfecto'].

¿Seguro?

[Voces: 'Sí']

Pero no es una espiga de trigo; no es todavía un tallo erguido y fuerte; no es más que un simple brote que aflora en la superficie de la tierra. Pero, ¿acaso no es perfecto?

[Congregación: 'Sí']

De acuerdo con su ciclo de desarrollo, es tan perfecto en ese momento, como lo será al final, cuando haya llegado a la maduración. ¿Lo comprendéis? No permitáis que esa confusión continúe, ¡desechadla!

Cuando el brote se asoma de la tierra, os detenéis a admirarlo. Es merecedor de ello. Tiene el encanto de la perfección. Es un brote tan perfecto como alguna vez apareció en la tierra, pero no es más que una simple hojita lanceolada, que a duras penas se abrió camino hacia la superficie. Eso es todo cuanto hay por el momento, pero es perfecto. Es perfecto porque es tal como Dios lo hizo. Dios es el único que tiene algo que ver con él. ¿No lo veis? Todo está bien, vosotros y yo, nacemos de nuevo de esa buena simiente que es la palabra de Dios –nacidos de la palabra de Dios y del Espíritu Santo, nacidos de la simiente perfecta–, cuando esa simiente brota y crece, y empieza a manifestarse en el hombre, la gente empieza a apreciar las características de Cristo en él. Y ¿cómo es Cristo? –Perfecto. Por lo tanto, ¿cómo es el cristiano en ese momento? –[Congregación: 'Perfecto'].

Si somos nacidos de nuevo por el poder de Jesucristo, y Dios mismo dirige la obra, ¿cómo será el resultado? –Será perfecto. En eso consiste la perfección cristiana, en ese punto. Jesucristo os presenta santos, irreprochables y libres de culpa, ante el trono de Dios, en ese punto.

Aquel brote crece y se eleva sobre el terreno; sale una nueva hoja; salen dos más, cada una de ellas tan hermosa como su gemela. La tercera aparece también; ahora ya es un tallo, y sigue creciendo. Presenta un aspecto muy distinto al que tenía al principio. Realmente diferente, pero no necesariamente más perfecto que el primero. Está más cerca de la perfección final, más próximo al propósito último de Dios; pero, aunque más cerca a la perfección final, no por ello es más perfecto en su estado actual, que cuando era un simple retoño surgiendo de la tierra.

Con el tiempo, crece hasta su altura definitiva. Se forma la espiga y aparece la inflorescencia, añadiéndole aún más belleza. Finalmente se llena de grano: es la espiga en su plenitud. Perfecto. Y cada grano perfecto. La obra, la obra de Dios, está allí consumada. Ha sido perfeccionada. Ha alcanzado la perfección, de acuerdo con el designio que Dios tuvo para ella al concebirla.

Eso es la perfección cristiana. Viene por el crecimiento. Pero el crecimiento puede darse solo mediante la vida de Dios. Y siendo la vida de Dios la única fuente, puede crecer solamente de acuerdo con el orden de Dios. Sólo Él puede dar forma al crecimiento. Solamente Él conoce, en perfección, el modelo. Cristo es el modelo, y Dios conoce perfectamente el modelo, y puede hacernos crecer en perfección de acuerdo con ese modelo porque el mismo poder y la misma vida que está en este crecimiento es el que estuvo en el modelo original, Jesucristo.

De igual forma que Jesús comenzó, al nacer, como un niñito en carne humana, y creció y terminó la obra que Dios le había dado hacer; así nosotros, nacidos de nuevo, creciendo en Él en todas cosas, viene pronto el día cuando al igual que Él, diremos en toda justicia, "te he glorificado en la tierra: he acabado la obra que me diste que hiciese". Porque la Biblia dice que "en los días de la voz del séptimo ángel, cuando él comenzare a tocar la trompeta, el misterio de Dios será consumado". Hoy es ese día. Se nos ha dado ese misterio a fin de que lo demos al mundo. Tiene que ser consumado para el mundo, y ha de ser consumado en aquellos que lo poseen.

Pero, ¿cuál es el misterio de Dios? –"Cristo en vosotros, la esperanza de gloria". "Dios... manifestado en carne". Entonces, en estos días, el misterio debe ser consumado en los ciento cuarenta y cuatro mil. La obra de Dios en carne humana, Dios manifestándose en carne humana –en ti y en mí– tiene que llegar a su consumación. Su obra en ti y en mí, tiene que ser consumada. Hemos de ser perfeccionados en Jesucristo. Mediante el Espíritu hemos de llegar a ser un hombre perfecto, a la medida de la estatura de la plenitud de Cristo.

¿Qué os parece? ¿Vale la pena? ¿No es acaso el camino del Señor un buen camino hacia la perfección? Oh, entonces, "dejando la palabra del comienzo en la doctrina de Cristo, VAMOS ADELANTE A LA PERFECCIÓN; no echando otra vez el fundamento del arrepentimiento de obras muertas, y de la fe en Dios, de la doctrina de bautismos, y de la imposición de manos, y de la resurrección de los muertos, y del juicio eterno". Él nos libró del fundamento inestable que teníamos mientras estábamos en pecado. Que no haya otro fundamento que no sea el servicio a la justicia para santidad, y finalmente, la vida eterna.

Y para cada alma que afronte el juicio, y se mantenga en presencia del juicio, entregándose a sí misma a la crucifixión y a la destrucción; esta cosa será cumplida en el propio camino de Dios, y en el corto tiempo en el cual Él ha prometido traernos a su justicia.

Así pues, se trata únicamente de Dios, su valoración, su norma. Y Cristo el modelo, y su obra siempre en todas las cosas, en todo lugar y por siempre. Por lo tanto, tened buen ánimo. Dejemos que Cristo sea siempre el primero, el último y el todo en todos, en todo tiempo. ¡Amén!

www.ingramcontent.com/pod-product-compliance
Lightning Source LLC
Chambersburg PA
CBHW030437010526
44118CB00011B/681